CE CARNET APPARTIENT À

W0224771

MA SOCIÉTÉ MLM

MES RÉSEAUX SOCIAUX

CARNET COMMENCÉ LE

PLANNING 2022

Janvier		Février		Mars		Avril		Mai		Juin	
1	S	1	M	1	M	1	V	1	D	1	M
2	D	2	M	2	M	2	S	2	L	2	J
3	L	3	J	3	J	3	D	3	M	3	V
4	M	4	V	4	V	4	L	4	M	4	S
5	M	5	S	5	S	5	M	5	J	5	D
6	J	6	D	6	D	6	M	6	V	6	L
7	V	7	L	7	L	7	J	7	S	7	M
8	S	8	M	8	M	8	V	8	D	8	M
9	D	9	M	9	M	9	S	9	L	9	J
10	L	10	J	10	J	10	D	10	M	10	V
11	M	11	V	11	V	11	L	11	M	11	S
12	M	12	S	12	S	12	M	12	J	12	D
13	J	13	D	13	D	13	M	13	V	13	L
14	V	14	L	14	L	14	J	14	S	14	M
15	S	15	M	15	M	15	V	15	D	15	M
16	D	16	M	16	M	16	S	16	L	16	J
17	L	17	J	17	J	17	D	17	M	17	V
18	M	18	V	18	V	18	L	18	M	18	S
19	M	19	S	19	S	19	M	19	J	19	D
20	J	20	D	20	D	20	M	20	V	20	L
21	V	21	L	21	L	21	J	21	S	21	M
22	S	22	M	22	M	22	V	22	D	22	M
23	D	23	M	23	M	23	S	23	L	23	J
24	L	24	J	24	J	24	D	24	M	24	V
25	M	25	V	25	V	25	L	25	M	25	S
26	M	26	S	26	S	26	M	26	J	26	D
27	J	27	D	27	D	27	M	27	V	27	L
28	V	28	L	28	L	28	J	28	S	28	M
29	S			29	M	29	V	29	D	29	M
30	D			30	M	30	S	30	L	30	J
31	L			31	J			31	M		

« Un bon plan qu'on peut mettre en oeuvre maintenant vaudra toujours mieux qu'un plan parfait qu'on pourra mettre en oeuvre la semaine prochaine. »
George Patton

PLANNING 2022

Juillet			Août			Septembre			Octobre			Novembre			Décembre		
1	V		1	L		1	J		1	S		1	M		1	J	
2	S		2	M		2	V		2	D		2	M		2	V	
3	D		3	M		3	S		3	L		3	J		3	S	
4	L		4	J		4	D		4	M		4	V		4	D	
5	M		5	V		5	L		5	M		5	S		5	L	
6	M		6	S		6	M		6	J		6	D		6	M	
7	J		7	D		7	M		7	V		7	L		7	M	
8	V		8	L		8	J		8	S		8	M		8	J	
9	S		9	M		9	V		9	D		9	M		9	V	
10	D		10	M		10	S		10	L		10	J		10	S	
11	L		11	J		11	D		11	M		11	V		11	D	
12	M		12	V		12	L		12	M		12	S		12	L	
13	M		13	S		13	M		13	J		13	D		13	M	
14	J		14	D		14	M		14	V		14	L		14	M	
15	V		15	L		15	J		15	S		15	M		15	J	
16	S		16	M		16	V		16	D		16	M		16	V	
17	D		17	M		17	S		17	L		17	J		17	S	
18	L		18	J		18	D		18	M		18	V		18	D	
19	M		19	V		19	L		19	M		19	S		19	L	
20	M		20	S		20	M		20	J		20	D		20	M	
21	J		21	D		21	M		21	V		21	L		21	M	
22	V		22	L		22	J		22	S		22	M		22	J	
23	S		23	M		23	V		23	D		23	M		23	V	
24	D		24	M		24	S		24	L		24	J		24	S	
25	L		25	J		25	D		25	M		25	V		25	D	
26	M		26	V		26	L		26	M		26	S		26	L	
27	M		27	S		27	M		27	J		27	D		27	M	
28	J		28	D		28	M		28	V		28	L		28	M	
29	V		29	L		29	J		29	S		29	M		29	J	
30	S		30	M		30	V		30	D		30	M		30	V	
31	D		31	M					31	L					31	S	

"Ne vous préoccupez pas d'être meilleur que les autres. Préoccupez-vous d'être meilleur que vous-même"

BIENVENUE DANS VOTRE CARNET DE BORD D'ACTIONS MLM

Une bonne habitude se garde quand on la tient au moins 21 jours d'affilée. Et quand on est guidé c'est plus facile car on n'a pas besoin de se demander quoi faire aujourd'hui pour se rapprocher de ses objectifs, on a juste à appliquer. Alors, c'est parti pour créer ces nouvelles habitudes ou les continuer pour vous amener vers votre réussite.

Le marketing de réseau est avant tout un moyen d'aider les gens grâce à vos produits et/ou grâce à l'activité. Dans tous les cas, les gens vous feront confiance et resteront auprès de vous si vous êtes **authentiques** alors soyez vous-même et prenez plaisir à aider ces gens!

Vous n'avez plus qu'à vous laisser guider et à vous faire confiance!

Bonne route et bonne réussite de vos objectifs.

Pour retrouver toute notre collection, rejoignez-nous sur notre site internet **www.marketingdereseau-publications.fr**
Vous y trouverez des carnets de suivi clients, partenaires et prospects, ainsi que d'autres supports (dont l'agenda parfait pour les networker!) pour vous accompagner dans votre business.

scannez ce code avec votre appareil photo pour nous rejoindre

VOTRE POURQUOI

C'est une aventure que vous prenez à un moment de votre vie. parce que vous avez décidé de faire quelque chose de différent mais pourquoi au fond?

Jim Rohn dit "travailler dans le marketing de réseau. c'est travailler à mi temps à sa fortune" mais quel trésor êtes-vous venu découvrir?

Les gens se lancent dans le marketing de réseau pour 9 raisons principales

- ☐ Avoir des gains supplémentaires
- ☐ Créer son indépendance financière
- ☐ Être son propre patron
- ☐ Avoir plus de temps
- ☐ Accélérer son développement personnel
- ☐ Faire de nouvelles relations
- ☐ Laisser un héritage
- ☐ Améliorer ou créer sa retraite
- ☐ Aider les autres

Vous allez pouvoir vous améliorer dans plusieurs domaines. écris ce que tu voudrais améliorer dans chacun d'entre eux.

Santé ....

Mental ....

Société ....

Finances ....

Famille ....

Combien voudriez-vous gagner par mois avec cette activité? ....

Combien de temps par semaine pouvez-vous y consacrer? ....

Quels sont vos rêves?

....

....

....

....

....

....

....

....

....

....

VISION

Famille

Maison

Santé

BOARD

Carrière

Succès

Vacances

Richesse

VOS OBJECTIFS

Dans 1 mois

Dans 3 mois

Dans 6 mois

Dans 1 an

Dans 3 ans

Dans 10 ans

SUIVI PROSPECTS

NOM	MÉTHODE CONTACT	DATE CONTACT	DATE RELANCE	NOTES

SUIVI PROSPECTS

NOM	MÉTHODE CONTACT	DATE CONTACT	DATES RELANCES	NOTES

SUIVI CLIENTS

NOM	PRODUITS	N° COMMANDE	DATE ACHAT	SUIVI

SUIVI PARTENAIRES

NOM	N° FRANCHISE	DATE ENTRÉE	SUIVI	OBJECTIFS

PETIT DISCLAIMER

Les actions et routines que vous allez voir dans ce carnet sont généralistes car elles ne peuvent pas être spécifiques à tous les MLM en même temps. En effet quand on travaille avec un MLM beauté on ne présente pas les mêmes produits que dans un MLM voyage, vous vous doutez donc bien que les cibles sont différentes et donc les actions et la façon de parler aux prospects diffèrent.
Peut-être avez-vous d'autres actions pour arriver au même résultat ou vous avez peut-être appris différemment. Peut-être que vous verrez dans ce carnet "faire 10 demandes d'amis sur Facebook" et que vous avez appris à en faire 15 ou 50, les chiffres vont bien évidemment différer en fonction de vous, de vos réseaux (pensez à ne pas faire trop de masse au risque de vous faire bloquer par le réseau social et aussi gardez en tête que vous faîtes du marketing relationnel, vous devez donc avant tout avoir des relations avec vos prospects, rien ne sert d'avoir 1000 contacts si vous n'en n'approfondissez aucun).

Vous aurez compris que ce carnet est un support dans votre business mais personnalisez-le à votre guise et en fonction de vos besoins.

Gardez-en tête que le coeur de votre activité est d'aider les gens avec ce que vous proposez. Tissez donc des liens avec les gens (prospects, clients, partenaires) car c'est comme cela que vous créerez un business stable.

Dans nos différents carnets de suivi, que ce soit pour les prospects, les clients ou les partenaires (rendez-vous sur notre site internet pour plus de détails) on vous précise à quel point il est justement important de relancer et de suivre tout le monde, car c'est cela qui vous permettra de faire ce que l'on appelle de la rétention (c'est plus stable et moins énergivore)

N'hésitez donc pas à vous appropriez ce carnet et gardez en tête que votre job consiste à créer des contacts, connaître leurs besoins et leur proposer quelque chose d'adapté. Passez donc du temps à parler aux gens et soyez authentiques.

On vous souhaite de réussir pleinement vos objectifs car le marketing de réseau change réellement des vies, tant que l'on s'en donne les moyens et que l'on est sincère.

SEMAINE DU AU

Objectifs de la semaine

1. ....

2. ....

3. ....

MES ACTIONS RÉSEAUX SOCIAUX SUR LA SEMAINE

Poster sur Instagram. Facebook. Snap...

☐ ☐ ☐ ☐ ☐ ☐ ☐

Poster en story au moins 3x/ jours

☐ ☐ ☐ ☐ ☐ ☐ ☐

S'abonner à 10 comptes Instagram

☐ ☐ ☐ ☐ ☐ ☐ ☐

Envoyer des messages à mes nouveaux abonnés

☐ ☐ ☐ ☐ ☐ ☐ ☐

Interagir avec 10 comptes Instagram sans s'abonner

☐ ☐ ☐ ☐ ☐ ☐ ☐

Faire un post et/ou une story sponsorisés

☐ ☐ ☐ ☐ ☐ ☐ ☐

Enlever mes abonnés fantômes

☐ ☐ ☐ ☐ ☐ ☐ ☐

Enlever mes abonnements inutiles

☐ ☐ ☐ ☐ ☐ ☐ ☐

Faire 10 demandes d'amis sur Facebook

☐ ☐ ☐ ☐ ☐ ☐ ☐

Envoyer des messages à mes nouveaux amis

☐ ☐ ☐ ☐ ☐ ☐ ☐

Souhaiter les anniversaires

☐ ☐ ☐ ☐ ☐ ☐ ☐

Liker et commenter les post de mes nouveaux amis

☐ ☐ ☐ ☐ ☐ ☐ ☐

Liker et commenter 5 publications dans des groupes

☐ ☐ ☐ ☐ ☐ ☐ ☐

Publier dans des groupes pour créer de l'interaction

☐ ☐ ☐ ☐ ☐ ☐ ☐

Envoyer des messages spontanés pour l'activité

☐ ☐ ☐ ☐ ☐ ☐ ☐

Envoyer des messages spontanés pour faire connaissance

☐ ☐ ☐ ☐ ☐ ☐ ☐

Relancer les prospects (récents. anciens. liste...)

☐ ☐ ☐ ☐ ☐ ☐ ☐

PLANIFICATION DE MES POST

Lundi	Mardi	Mercredi	Jeudi	Vendredi	Samedi	Dimanche

Live de la semaine ....

Réunions auxquelles j'assiste

Date .... Thème ....

Date .... Thème ....

Date .... Thème ....

Date .... Thème ....

Date .... Thème ....

Nb de ventes de la semaine ☐ Nb de parrainages de la semaine ☐

Suivi clients ☐ Suivi partenaires ☐ Suivi prospects ☐

Objectifs de la semaine atteints ☐ Satisfait de ma semaine ☆☆☆☆☆

A améliorer ....

....

....

....

ROUTINE PERSO

Méditation

☐ ☐ ☐ ☐ ☐ ☐ ☐

Lecture

☐ ☐ ☐ ☐ ☐ ☐ ☐

Ecriture

☐ ☐ ☐ ☐ ☐ ☐ ☐

Sport

☐ ☐ ☐ ☐ ☐ ☐ ☐

Autre ....

☐ ☐ ☐ ☐ ☐ ☐ ☐

SEMAINE DU AU

Objectifs de la semaine

1. ....
2. ....
3. ....

MES ACTIONS RÉSEAUX SOCIAUX SUR LA SEMAINE

Poster sur Instagram. Facebook. Snap...

☐ ☐ ☐ ☐ ☐ ☐ ☐

Poster en story au moins 3x/ jours

☐ ☐ ☐ ☐ ☐ ☐ ☐

S'abonner à 10 comptes Instagram

☐ ☐ ☐ ☐ ☐ ☐ ☐

Envoyer des messages à mes nouveaux abonnés

☐ ☐ ☐ ☐ ☐ ☐ ☐

Interagir avec 10 comptes Instagram sans s'abonner

☐ ☐ ☐ ☐ ☐ ☐ ☐

Faire un post et/ou une story sponsorisés

☐ ☐ ☐ ☐ ☐ ☐ ☐

Enlever mes abonnés fantômes

☐ ☐ ☐ ☐ ☐ ☐ ☐

Enlever mes abonnements inutiles

☐ ☐ ☐ ☐ ☐ ☐ ☐

Faire 10 demandes d'amis sur Facebook

☐ ☐ ☐ ☐ ☐ ☐ ☐

Envoyer des messages à mes nouveaux amis

☐ ☐ ☐ ☐ ☐ ☐ ☐

Souhaiter les anniversaires

☐ ☐ ☐ ☐ ☐ ☐ ☐

Liker et commenter les post de mes nouveaux amis

☐ ☐ ☐ ☐ ☐ ☐ ☐

Liker et commenter 5 publications dans des groupes

☐ ☐ ☐ ☐ ☐ ☐ ☐

Publier dans des groupes pour créer de l'interaction

☐ ☐ ☐ ☐ ☐ ☐ ☐

Envoyer des messages spontanés pour l'activité

☐ ☐ ☐ ☐ ☐ ☐ ☐

Envoyer des messages spontanés pour faire connaissance

☐ ☐ ☐ ☐ ☐ ☐ ☐

Relancer les prospects (récents. anciens. liste...)

☐ ☐ ☐ ☐ ☐ ☐ ☐

PLANIFICATION DE MES POST

Lundi	Mardi	Mercredi	Jeudi	Vendredi	Samedi	Dimanche

Live de la semaine ....

Réunions auxquelles j'assiste

Date .... Thème ....

Date .... Thème ....

Date .... Thème ....

Date .... Thème ....

Date .... Thème ....

Nb de ventes de la semaine ☐ Nb de parrainages de la semaine ☐

Suivi clients ☐ Suivi partenaires ☐ Suivi prospects ☐

Objectifs de la semaine atteints ☐ Satisfait de ma semaine ☆☆☆☆☆

A améliorer ....

....

....

....

ROUTINE PERSO

Méditation

☐ ☐ ☐ ☐ ☐ ☐ ☐

Lecture

☐ ☐ ☐ ☐ ☐ ☐ ☐

Ecriture

☐ ☐ ☐ ☐ ☐ ☐ ☐

Sport

☐ ☐ ☐ ☐ ☐ ☐ ☐

Autre ....

☐ ☐ ☐ ☐ ☐ ☐ ☐

SEMAINE DU AU

Objectifs de la semaine

1. ....

2. ....

3. ....

MES ACTIONS RÉSEAUX SOCIAUX SUR LA SEMAINE

Poster sur Instagram. Facebook. Snap...

☐ ☐ ☐ ☐ ☐ ☐ ☐

Poster en story au moins 3x/ jours

☐ ☐ ☐ ☐ ☐ ☐ ☐

S'abonner à 10 comptes Instagram

☐ ☐ ☐ ☐ ☐ ☐ ☐

Envoyer des messages à mes nouveaux abonnés

☐ ☐ ☐ ☐ ☐ ☐ ☐

Interagir avec 10 comptes Instagram sans s'abonner

☐ ☐ ☐ ☐ ☐ ☐ ☐

Faire un post et/ou une story sponsorisés

☐ ☐ ☐ ☐ ☐ ☐ ☐

Enlever mes abonnés fantômes

☐ ☐ ☐ ☐ ☐ ☐ ☐

Enlever mes abonnements inutiles

☐ ☐ ☐ ☐ ☐ ☐ ☐

Faire 10 demandes d'amis sur Facebook

☐ ☐ ☐ ☐ ☐ ☐ ☐

Envoyer des messages à mes nouveaux amis

☐ ☐ ☐ ☐ ☐ ☐ ☐

Souhaiter les anniversaires

☐ ☐ ☐ ☐ ☐ ☐ ☐

Liker et commenter les post de mes nouveaux amis

☐ ☐ ☐ ☐ ☐ ☐ ☐

Liker et commenter 5 publications dans des groupes

☐ ☐ ☐ ☐ ☐ ☐ ☐

Publier dans des groupes pour créer de l'interaction

☐ ☐ ☐ ☐ ☐ ☐ ☐

Envoyer des messages spontanés pour l'activité

☐ ☐ ☐ ☐ ☐ ☐ ☐

Envoyer des messages spontanés pour faire connaissance

☐ ☐ ☐ ☐ ☐ ☐ ☐

Relancer les prospects (récents. anciens. liste...)

☐ ☐ ☐ ☐ ☐ ☐ ☐

PLANIFICATION DE MES POST

Lundi	Mardi	Mercredi	Jeudi	Vendredi	Samedi	Dimanche

LIVE

Live de la semaine ....

Réunions auxquelles j'assiste

Date .... Thème ....

Date .... Thème ....

Date .... Thème ....

Date .... Thème ....

Date .... Thème ....

Nb de ventes de la semaine ☐ Nb de parrainages de la semaine ☐

Suivi clients ☐ Suivi partenaires ☐ Suivi prospects ☐

Objectifs de la semaine atteints ☐ Satisfait de ma semaine ☆☆☆☆☆

A améliorer ....

....

....

....

ROUTINE PERSO

Méditation

☐ ☐ ☐ ☐ ☐ ☐ ☐

Lecture

☐ ☐ ☐ ☐ ☐ ☐ ☐

Ecriture

☐ ☐ ☐ ☐ ☐ ☐ ☐

Sport

☐ ☐ ☐ ☐ ☐ ☐ ☐

Autre ....

☐ ☐ ☐ ☐ ☐ ☐ ☐

SEMAINE DU AU

Objectifs de la semaine

1. ....

2. ....

3. ....

MES ACTIONS RÉSEAUX SOCIAUX SUR LA SEMAINE

Poster sur Instagram. Facebook. Snap...

☐ ☐ ☐ ☐ ☐ ☐ ☐

Poster en story au moins 3x/ jours

☐ ☐ ☐ ☐ ☐ ☐ ☐

S'abonner à 10 comptes Instagram

☐ ☐ ☐ ☐ ☐ ☐ ☐

Envoyer des messages à mes nouveaux abonnés

☐ ☐ ☐ ☐ ☐ ☐ ☐

Interagir avec 10 comptes Instagram sans s'abonner

☐ ☐ ☐ ☐ ☐ ☐ ☐

Faire un post et/ou une story sponsorisés

☐ ☐ ☐ ☐ ☐ ☐ ☐

Enlever mes abonnés fantômes

☐ ☐ ☐ ☐ ☐ ☐ ☐

Enlever mes abonnements inutiles

☐ ☐ ☐ ☐ ☐ ☐ ☐

Faire 10 demandes d'amis sur Facebook

☐ ☐ ☐ ☐ ☐ ☐ ☐

Envoyer des messages à mes nouveaux amis

☐ ☐ ☐ ☐ ☐ ☐ ☐

Souhaiter les anniversaires

☐ ☐ ☐ ☐ ☐ ☐ ☐

Liker et commenter les post de mes nouveaux amis

☐ ☐ ☐ ☐ ☐ ☐ ☐

Liker et commenter 5 publications dans des groupes

☐ ☐ ☐ ☐ ☐ ☐ ☐

Publier dans des groupes pour créer de l'interaction

☐ ☐ ☐ ☐ ☐ ☐ ☐

Envoyer des messages spontanés pour l'activité

☐ ☐ ☐ ☐ ☐ ☐ ☐

Envoyer des messages spontanés pour faire connaissance

☐ ☐ ☐ ☐ ☐ ☐ ☐

Relancer les prospects (récents. anciens. liste...)

☐ ☐ ☐ ☐ ☐ ☐ ☐

PLANIFICATION DE MES POST

Lundi	Mardi	Mercredi	Jeudi	Vendredi	Samedi	Dimanche

Live de la semaine ....

Réunions auxquelles j'assiste

Date .... Thème ....

Date .... Thème ....

Date .... Thème ....

Date .... Thème ....

Date .... Thème ....

Nb de ventes de la semaine ☐ Nb de parrainages de la semaine ☐

Suivi clients ☐ Suivi partenaires ☐ Suivi prospects ☐

Objectifs de la semaine atteints ☐ Satisfait de ma semaine ☆☆☆☆☆

A améliorer ....

....

....

....

ROUTINE PERSO

Méditation

☐ ☐ ☐ ☐ ☐ ☐ ☐

Lecture

☐ ☐ ☐ ☐ ☐ ☐ ☐

Ecriture

☐ ☐ ☐ ☐ ☐ ☐ ☐

Sport

☐ ☐ ☐ ☐ ☐ ☐ ☐

Autre ....

☐ ☐ ☐ ☐ ☐ ☐ ☐

SEMAINE DU AU

Objectifs de la semaine

1. ....

2. ....

3. ....

MES ACTIONS RÉSEAUX SOCIAUX SUR LA SEMAINE

Poster sur Instagram. Facebook. Snap...

☐ ☐ ☐ ☐ ☐ ☐ ☐

Poster en story au moins 3x/ jours

☐ ☐ ☐ ☐ ☐ ☐ ☐

S'abonner à 10 comptes Instagram

☐ ☐ ☐ ☐ ☐ ☐ ☐

Envoyer des messages à mes nouveaux abonnés

☐ ☐ ☐ ☐ ☐ ☐ ☐

Interagir avec 10 comptes Instagram sans s'abonner

☐ ☐ ☐ ☐ ☐ ☐ ☐

Faire un post et/ou une story sponsorisés

☐ ☐ ☐ ☐ ☐ ☐ ☐

Enlever mes abonnés fantômes

☐ ☐ ☐ ☐ ☐ ☐ ☐

Enlever mes abonnements inutiles

☐ ☐ ☐ ☐ ☐ ☐ ☐

Faire 10 demandes d'amis sur Facebook

☐ ☐ ☐ ☐ ☐ ☐ ☐

Envoyer des messages à mes nouveaux amis

☐ ☐ ☐ ☐ ☐ ☐ ☐

Souhaiter les anniversaires

☐ ☐ ☐ ☐ ☐ ☐ ☐

Liker et commenter les post de mes nouveaux amis

☐ ☐ ☐ ☐ ☐ ☐ ☐

Liker et commenter 5 publications dans des groupes

☐ ☐ ☐ ☐ ☐ ☐ ☐

Publier dans des groupes pour créer de l'interaction

☐ ☐ ☐ ☐ ☐ ☐ ☐

Envoyer des messages spontanés pour l'activité

☐ ☐ ☐ ☐ ☐ ☐ ☐

Envoyer des messages spontanés pour faire connaissance

☐ ☐ ☐ ☐ ☐ ☐ ☐

Relancer les prospects (récents. anciens. liste...)

☐ ☐ ☐ ☐ ☐ ☐ ☐

PLANIFICATION DE MES POST

Lundi	Mardi	Mercredi	Jeudi	Vendredi	Samedi	Dimanche

Live de la semaine ....

Réunions auxquelles j'assiste

Date .... Thème ....

Date .... Thème ....

Date .... Thème ....

Date .... Thème ....

Date .... Thème ....

Nb de ventes de la semaine

Nb de parrainages de la semaine

Suivi clients

Suivi partenaires

Suivi prospects

Objectifs de la semaine atteints

Satisfait de ma semaine ☆☆☆☆☆

A améliorer ....

....

....

....

ROUTINE PERSO

Méditation

Lecture

Ecriture

Sport

Autre ....

SEMAINE DU AU

Objectifs de la semaine

1. ....

2. ....

3. ....

MES ACTIONS RÉSEAUX SOCIAUX SUR LA SEMAINE

Poster sur Instagram, Facebook, Snap...

☐ ☐ ☐ ☐ ☐ ☐ ☐

Poster en story au moins 3x/ jours

☐ ☐ ☐ ☐ ☐ ☐ ☐

S'abonner à 10 comptes Instagram

☐ ☐ ☐ ☐ ☐ ☐ ☐

Envoyer des messages à mes nouveaux abonnés

☐ ☐ ☐ ☐ ☐ ☐ ☐

Interagir avec 10 comptes Instagram sans s'abonner

☐ ☐ ☐ ☐ ☐ ☐ ☐

Faire un post et/ou une story sponsorisés

☐ ☐ ☐ ☐ ☐ ☐ ☐

Enlever mes abonnés fantômes

☐ ☐ ☐ ☐ ☐ ☐ ☐

Enlever mes abonnements inutiles

☐ ☐ ☐ ☐ ☐ ☐ ☐

Faire 10 demandes d'amis sur Facebook

☐ ☐ ☐ ☐ ☐ ☐ ☐

Envoyer des messages à mes nouveaux amis

☐ ☐ ☐ ☐ ☐ ☐ ☐

Souhaiter les anniversaires

☐ ☐ ☐ ☐ ☐ ☐ ☐

Liker et commenter les post de mes nouveaux amis

☐ ☐ ☐ ☐ ☐ ☐ ☐

Liker et commenter 5 publications dans des groupes

☐ ☐ ☐ ☐ ☐ ☐ ☐

Publier dans des groupes pour créer de l'interaction

☐ ☐ ☐ ☐ ☐ ☐ ☐

Envoyer des messages spontanés pour l'activité

☐ ☐ ☐ ☐ ☐ ☐ ☐

Envoyer des messages spontanés pour faire connaissance

☐ ☐ ☐ ☐ ☐ ☐ ☐

Relancer les prospects (récents, anciens, liste...)

☐ ☐ ☐ ☐ ☐ ☐ ☐

PLANIFICATION DE MES POST

Lundi	Mardi	Mercredi	Jeudi	Vendredi	Samedi	Dimanche

LIVE

Live de la semaine ....

Réunions auxquelles j'assiste

Date .... Thème ....

Date .... Thème ....

Date .... Thème ....

Date .... Thème ....

Date .... Thème ....

Nb de ventes de la semaine ☐ Nb de parrainages de la semaine ☐

Suivi clients ☐ Suivi partenaires ☐ Suivi prospects ☐

Objectifs de la semaine atteints ☐ Satisfait de ma semaine ☆☆☆☆☆

A améliorer ....

....

....

....

ROUTINE PERSO

Méditation

☐ ☐ ☐ ☐ ☐ ☐ ☐

Lecture

☐ ☐ ☐ ☐ ☐ ☐ ☐

Ecriture

☐ ☐ ☐ ☐ ☐ ☐ ☐

Sport

☐ ☐ ☐ ☐ ☐ ☐ ☐

Autre ....

☐ ☐ ☐ ☐ ☐ ☐ ☐

SEMAINE DU AU

Objectifs de la semaine

1. ....

2. ....

3. ....

MES ACTIONS RÉSEAUX SOCIAUX SUR LA SEMAINE

Poster sur Instagram. Facebook. Snap...

☐ ☐ ☐ ☐ ☐ ☐ ☐

Poster en story au moins 3x/ jours

☐ ☐ ☐ ☐ ☐ ☐ ☐

S'abonner à 10 comptes Instagram

☐ ☐ ☐ ☐ ☐ ☐ ☐

Envoyer des messages à mes nouveaux abonnés

☐ ☐ ☐ ☐ ☐ ☐ ☐

Interagir avec 10 comptes Instagram sans s'abonner

☐ ☐ ☐ ☐ ☐ ☐ ☐

Faire un post et/ou une story sponsorisés

☐ ☐ ☐ ☐ ☐ ☐ ☐

Enlever mes abonnés fantômes

☐ ☐ ☐ ☐ ☐ ☐ ☐

Enlever mes abonnements inutiles

☐ ☐ ☐ ☐ ☐ ☐ ☐

Faire 10 demandes d'amis sur Facebook

☐ ☐ ☐ ☐ ☐ ☐ ☐

Envoyer des messages à mes nouveaux amis

☐ ☐ ☐ ☐ ☐ ☐ ☐

Souhaiter les anniversaires

☐ ☐ ☐ ☐ ☐ ☐ ☐

Liker et commenter les post de mes nouveaux amis

☐ ☐ ☐ ☐ ☐ ☐ ☐

Liker et commenter 5 publications dans des groupes

☐ ☐ ☐ ☐ ☐ ☐ ☐

Publier dans des groupes pour créer de l'interaction

☐ ☐ ☐ ☐ ☐ ☐ ☐

Envoyer des messages spontanés pour l'activité

☐ ☐ ☐ ☐ ☐ ☐ ☐

Envoyer des messages spontanés pour faire connaissance

☐ ☐ ☐ ☐ ☐ ☐ ☐

Relancer les prospects (récents. anciens. liste...)

☐ ☐ ☐ ☐ ☐ ☐ ☐

PLANIFICATION DE MES POST

Lundi	Mardi	Mercredi	Jeudi	Vendredi	Samedi	Dimanche

LIVE

Live de la semaine ....

Réunions auxquelles j'assiste

Date .... Thème ....

Date .... Thème ....

Date .... Thème ....

Date .... Thème ....

Date .... Thème ....

Nb de ventes de la semaine ☐ Nb de parrainages de la semaine ☐

Suivi clients ☐ Suivi partenaires ☐ Suivi prospects ☐

Objectifs de la semaine atteints ☐ Satisfait de ma semaine ☆☆☆☆☆

A améliorer ....

....

....

....

ROUTINE PERSO

Méditation

☐ ☐ ☐ ☐ ☐ ☐ ☐

Lecture

☐ ☐ ☐ ☐ ☐ ☐ ☐

Ecriture

☐ ☐ ☐ ☐ ☐ ☐ ☐

Sport

☐ ☐ ☐ ☐ ☐ ☐ ☐

Autre ....

☐ ☐ ☐ ☐ ☐ ☐ ☐

SEMAINE DU AU

Objectifs de la semaine

1. ....
2. ....
3. ....

MES ACTIONS RÉSEAUX SOCIAUX SUR LA SEMAINE

Poster sur Instagram. Facebook. Snap...

☐ ☐ ☐ ☐ ☐ ☐ ☐

Poster en story au moins 3x/ jours

☐ ☐ ☐ ☐ ☐ ☐ ☐

S'abonner à 10 comptes Instagram

☐ ☐ ☐ ☐ ☐ ☐ ☐

Envoyer des messages à mes nouveaux abonnés

☐ ☐ ☐ ☐ ☐ ☐ ☐

Interagir avec 10 comptes Instagram sans s'abonner

☐ ☐ ☐ ☐ ☐ ☐ ☐

Faire un post et/ou une story sponsorisés

☐ ☐ ☐ ☐ ☐ ☐ ☐

Enlever mes abonnés fantômes

☐ ☐ ☐ ☐ ☐ ☐ ☐

Enlever mes abonnements inutiles

☐ ☐ ☐ ☐ ☐ ☐ ☐

Faire 10 demandes d'amis sur Facebook

☐ ☐ ☐ ☐ ☐ ☐ ☐

Envoyer des messages à mes nouveaux amis

☐ ☐ ☐ ☐ ☐ ☐ ☐

Souhaiter les anniversaires

☐ ☐ ☐ ☐ ☐ ☐ ☐

Liker et commenter les post de mes nouveaux amis

☐ ☐ ☐ ☐ ☐ ☐ ☐

Liker et commenter 5 publications dans des groupes

☐ ☐ ☐ ☐ ☐ ☐ ☐

Publier dans des groupes pour créer de l'interaction

☐ ☐ ☐ ☐ ☐ ☐ ☐

Envoyer des messages spontanés pour l'activité

☐ ☐ ☐ ☐ ☐ ☐ ☐

Envoyer des messages spontanés pour faire connaissance

☐ ☐ ☐ ☐ ☐ ☐ ☐

Relancer les prospects (récents. anciens. liste...)

☐ ☐ ☐ ☐ ☐ ☐ ☐

PLANIFICATION DE MES POST

Lundi	Mardi	Mercredi	Jeudi	Vendredi	Samedi	Dimanche

Live de la semaine ....

Réunions auxquelles j'assiste

Date .... Thème ....

Date .... Thème ....

Date .... Thème ....

Date .... Thème ....

Date .... Thème ....

Nb de ventes de la semaine ☐ Nb de parrainages de la semaine ☐

Suivi clients ☐ Suivi partenaires ☐ Suivi prospects ☐

Objectifs de la semaine atteints ☐ Satisfait de ma semaine ☆☆☆☆☆

A améliorer ....

....

....

....

ROUTINE PERSO

Méditation

☐ ☐ ☐ ☐ ☐ ☐ ☐

Lecture

☐ ☐ ☐ ☐ ☐ ☐ ☐

Ecriture

☐ ☐ ☐ ☐ ☐ ☐ ☐

Sport

☐ ☐ ☐ ☐ ☐ ☐ ☐

Autre ....

☐ ☐ ☐ ☐ ☐ ☐ ☐

SEMAINE DU AU

Objectifs de la semaine

1. ....

2. ....

3. ....

MES ACTIONS RÉSEAUX SOCIAUX SUR LA SEMAINE

Poster sur Instagram. Facebook. Snap...

☐ ☐ ☐ ☐ ☐ ☐ ☐

Poster en story au moins 3x/ jours

☐ ☐ ☐ ☐ ☐ ☐ ☐

S'abonner à 10 comptes Instagram

☐ ☐ ☐ ☐ ☐ ☐ ☐

Envoyer des messages à mes nouveaux abonnés

☐ ☐ ☐ ☐ ☐ ☐ ☐

Interagir avec 10 comptes Instagram sans s'abonner

☐ ☐ ☐ ☐ ☐ ☐ ☐

Faire un post et/ou une story sponsorisés

☐ ☐ ☐ ☐ ☐ ☐ ☐

Enlever mes abonnés fantômes

☐ ☐ ☐ ☐ ☐ ☐ ☐

Enlever mes abonnements inutiles

☐ ☐ ☐ ☐ ☐ ☐ ☐

Faire 10 demandes d'amis sur Facebook

☐ ☐ ☐ ☐ ☐ ☐ ☐

Envoyer des messages à mes nouveaux amis

☐ ☐ ☐ ☐ ☐ ☐ ☐

Souhaiter les anniversaires

☐ ☐ ☐ ☐ ☐ ☐ ☐

Liker et commenter les post de mes nouveaux amis

☐ ☐ ☐ ☐ ☐ ☐ ☐

Liker et commenter 5 publications dans des groupes

☐ ☐ ☐ ☐ ☐ ☐ ☐

Publier dans des groupes pour créer de l'interaction

☐ ☐ ☐ ☐ ☐ ☐ ☐

Envoyer des messages spontanés pour l'activité

☐ ☐ ☐ ☐ ☐ ☐ ☐

Envoyer des messages spontanés pour faire connaissance

☐ ☐ ☐ ☐ ☐ ☐ ☐

Relancer les prospects (récents. anciens. liste...)

☐ ☐ ☐ ☐ ☐ ☐ ☐

PLANIFICATION DE MES POST

Lundi	Mardi	Mercredi	Jeudi	Vendredi	Samedi	Dimanche

Live de la semaine ....

Réunions auxquelles j'assiste

Date .... Thème ....

Date .... Thème ....

Date .... Thème ....

Date .... Thème ....

Date .... Thème ....

Nb de ventes de la semaine ☐ Nb de parrainages de la semaine ☐

Suivi clients ☐ Suivi partenaires ☐ Suivi prospects ☐

Objectifs de la semaine atteints ☐ Satisfait de ma semaine ☆☆☆☆☆

A améliorer ....

....

....

....

ROUTINE PERSO

Méditation

☐ ☐ ☐ ☐ ☐ ☐ ☐

Lecture

☐ ☐ ☐ ☐ ☐ ☐ ☐

Ecriture

☐ ☐ ☐ ☐ ☐ ☐ ☐

Sport

☐ ☐ ☐ ☐ ☐ ☐ ☐

Autre ....

☐ ☐ ☐ ☐ ☐ ☐ ☐

SEMAINE DU   AU

Objectifs de la semaine

1. ....

2. ....

3. ....

MES ACTIONS RÉSEAUX SOCIAUX SUR LA SEMAINE

Poster sur Instagram, Facebook, Snap...

☐ ☐ ☐ ☐ ☐ ☐ ☐

Poster en story au moins 3x/ jours

☐ ☐ ☐ ☐ ☐ ☐ ☐

S'abonner à 10 comptes Instagram

☐ ☐ ☐ ☐ ☐ ☐ ☐

Envoyer des messages à mes nouveaux abonnés

☐ ☐ ☐ ☐ ☐ ☐ ☐

Interagir avec 10 comptes Instagram sans s'abonner

☐ ☐ ☐ ☐ ☐ ☐ ☐

Faire un post et/ou une story sponsorisés

☐ ☐ ☐ ☐ ☐ ☐ ☐

Enlever mes abonnés fantômes

☐ ☐ ☐ ☐ ☐ ☐ ☐

Enlever mes abonnements inutiles

☐ ☐ ☐ ☐ ☐ ☐ ☐

Faire 10 demandes d'amis sur Facebook

☐ ☐ ☐ ☐ ☐ ☐ ☐

Envoyer des messages à mes nouveaux amis

☐ ☐ ☐ ☐ ☐ ☐ ☐

Souhaiter les anniversaires

☐ ☐ ☐ ☐ ☐ ☐ ☐

Liker et commenter les post de mes nouveaux amis

☐ ☐ ☐ ☐ ☐ ☐ ☐

Liker et commenter 5 publications dans des groupes

☐ ☐ ☐ ☐ ☐ ☐ ☐

Publier dans des groupes pour créer de l'interaction

☐ ☐ ☐ ☐ ☐ ☐ ☐

Envoyer des messages spontanés pour l'activité

☐ ☐ ☐ ☐ ☐ ☐ ☐

Envoyer des messages spontanés pour faire connaissance

☐ ☐ ☐ ☐ ☐ ☐ ☐

Relancer les prospects (récents, anciens, liste...)

☐ ☐ ☐ ☐ ☐ ☐ ☐

PLANIFICATION DE MES POST

Lundi	Mardi	Mercredi	Jeudi	Vendredi	Samedi	Dimanche

LIVE

Live de la semaine ....

Réunions auxquelles j'assiste

Date .... Thème ....

Date .... Thème ....

Date .... Thème ....

Date .... Thème ....

Date .... Thème ....

Nb de ventes de la semaine ☐ Nb de parrainages de la semaine ☐

Suivi clients ☐ Suivi partenaires ☐ Suivi prospects ☐

Objectifs de la semaine atteints ☐ Satisfait de ma semaine ☆☆☆☆☆

A améliorer ....

....

....

....

ROUTINE PERSO

Méditation

☐ ☐ ☐ ☐ ☐ ☐ ☐

Lecture

☐ ☐ ☐ ☐ ☐ ☐ ☐

Ecriture

☐ ☐ ☐ ☐ ☐ ☐ ☐

Sport

☐ ☐ ☐ ☐ ☐ ☐ ☐

Autre ....

☐ ☐ ☐ ☐ ☐ ☐ ☐

SEMAINE DU AU

Objectifs de la semaine

1. ....

2. ....

3. ....

MES ACTIONS RÉSEAUX SOCIAUX SUR LA SEMAINE

Poster sur Instagram. Facebook. Snap...

☐ ☐ ☐ ☐ ☐ ☐ ☐

Poster en story au moins 3x/ jours

☐ ☐ ☐ ☐ ☐ ☐ ☐

S'abonner à 10 comptes Instagram

☐ ☐ ☐ ☐ ☐ ☐ ☐

Envoyer des messages à mes nouveaux abonnés

☐ ☐ ☐ ☐ ☐ ☐ ☐

Interagir avec 10 comptes Instagram sans s'abonner

☐ ☐ ☐ ☐ ☐ ☐ ☐

Faire un post et/ou une story sponsorisés

☐ ☐ ☐ ☐ ☐ ☐ ☐

Enlever mes abonnés fantômes

☐ ☐ ☐ ☐ ☐ ☐ ☐

Enlever mes abonnements inutiles

☐ ☐ ☐ ☐ ☐ ☐ ☐

Faire 10 demandes d'amis sur Facebook

☐ ☐ ☐ ☐ ☐ ☐ ☐

Envoyer des messages à mes nouveaux amis

☐ ☐ ☐ ☐ ☐ ☐ ☐

Souhaiter les anniversaires

☐ ☐ ☐ ☐ ☐ ☐ ☐

Liker et commenter les post de mes nouveaux amis

☐ ☐ ☐ ☐ ☐ ☐ ☐

Liker et commenter 5 publications dans des groupes

☐ ☐ ☐ ☐ ☐ ☐ ☐

Publier dans des groupes pour créer de l'interaction

☐ ☐ ☐ ☐ ☐ ☐ ☐

Envoyer des messages spontanés pour l'activité

☐ ☐ ☐ ☐ ☐ ☐ ☐

Envoyer des messages spontanés pour faire connaissance

☐ ☐ ☐ ☐ ☐ ☐ ☐

Relancer les prospects (récents. anciens. liste...)

☐ ☐ ☐ ☐ ☐ ☐ ☐

PLANIFICATION DE MES POST

Lundi	Mardi	Mercredi	Jeudi	Vendredi	Samedi	Dimanche

LIVE

Live de la semaine ....

Réunions auxquelles j'assiste

Date .... Thème ....

Date .... Thème ....

Date .... Thème ....

Date .... Thème ....

Date .... Thème ....

Nb de ventes de la semaine ☐ Nb de parrainages de la semaine ☐

Suivi clients ☐ Suivi partenaires ☐ Suivi prospects ☐

Objectifs de la semaine atteints ☐ Satisfait de ma semaine ☆☆☆☆☆

A améliorer ....

....

....

....

ROUTINE PERSO

Méditation

☐ ☐ ☐ ☐ ☐ ☐ ☐

Lecture

☐ ☐ ☐ ☐ ☐ ☐ ☐

Ecriture

☐ ☐ ☐ ☐ ☐ ☐ ☐

Sport

☐ ☐ ☐ ☐ ☐ ☐ ☐

Autre ....

☐ ☐ ☐ ☐ ☐ ☐ ☐

SEMAINE DU AU

Objectifs de la semaine

1. ....

2. ....

3. ....

MES ACTIONS RÉSEAUX SOCIAUX SUR LA SEMAINE

Poster sur Instagram, Facebook, Snap...

☐ ☐ ☐ ☐ ☐ ☐ ☐

Poster en story au moins 3x/ jours

☐ ☐ ☐ ☐ ☐ ☐ ☐

S'abonner à 10 comptes Instagram

☐ ☐ ☐ ☐ ☐ ☐ ☐

Envoyer des messages à mes nouveaux abonnés

☐ ☐ ☐ ☐ ☐ ☐ ☐

Interagir avec 10 comptes Instagram sans s'abonner

☐ ☐ ☐ ☐ ☐ ☐ ☐

Faire un post et/ou une story sponsorisés

☐ ☐ ☐ ☐ ☐ ☐ ☐

Enlever mes abonnés fantômes

☐ ☐ ☐ ☐ ☐ ☐ ☐

Enlever mes abonnements inutiles

☐ ☐ ☐ ☐ ☐ ☐ ☐

Faire 10 demandes d'amis sur Facebook

☐ ☐ ☐ ☐ ☐ ☐ ☐

Envoyer des messages à mes nouveaux amis

☐ ☐ ☐ ☐ ☐ ☐ ☐

Souhaiter les anniversaires

☐ ☐ ☐ ☐ ☐ ☐ ☐

Liker et commenter les post de mes nouveaux amis

☐ ☐ ☐ ☐ ☐ ☐ ☐

Liker et commenter 5 publications dans des groupes

☐ ☐ ☐ ☐ ☐ ☐ ☐

Publier dans des groupes pour créer de l'interaction

☐ ☐ ☐ ☐ ☐ ☐ ☐

Envoyer des messages spontanés pour l'activité

☐ ☐ ☐ ☐ ☐ ☐ ☐

Envoyer des messages spontanés pour faire connaissance

☐ ☐ ☐ ☐ ☐ ☐ ☐

Relancer les prospects (récents, anciens, liste...)

☐ ☐ ☐ ☐ ☐ ☐ ☐

PLANIFICATION DE MES POST

Lundi	Mardi	Mercredi	Jeudi	Vendredi	Samedi	Dimanche

Live de la semaine ....

Réunions auxquelles j'assiste

Date .... Thème ....

Date .... Thème ....

Date .... Thème ....

Date .... Thème ....

Date .... Thème ....

Nb de ventes de la semaine ☐ Nb de parrainages de la semaine ☐

Suivi clients ☐ Suivi partenaires ☐ Suivi prospects ☐

Objectifs de la semaine atteints ☐ Satisfait de ma semaine ☆☆☆☆☆

A améliorer ....

....

....

....

ROUTINE PERSO

Méditation

☐ ☐ ☐ ☐ ☐ ☐ ☐

Lecture

☐ ☐ ☐ ☐ ☐ ☐ ☐

Ecriture

☐ ☐ ☐ ☐ ☐ ☐ ☐

Sport

☐ ☐ ☐ ☐ ☐ ☐ ☐

Autre ....

☐ ☐ ☐ ☐ ☐ ☐ ☐

SEMAINE DU AU

Objectifs de la semaine

1. ....

2. ....

3. ....

MES ACTIONS RÉSEAUX SOCIAUX SUR LA SEMAINE

Poster sur Instagram. Facebook. Snap...

☐ ☐ ☐ ☐ ☐ ☐ ☐

Poster en story au moins 3x/ jours

☐ ☐ ☐ ☐ ☐ ☐ ☐

S'abonner à 10 comptes Instagram

☐ ☐ ☐ ☐ ☐ ☐ ☐

Envoyer des messages à mes nouveaux abonnés

☐ ☐ ☐ ☐ ☐ ☐ ☐

Interagir avec 10 comptes Instagram sans s'abonner

☐ ☐ ☐ ☐ ☐ ☐ ☐

Faire un post et/ou une story sponsorisés

☐ ☐ ☐ ☐ ☐ ☐ ☐

Enlever mes abonnés fantômes

☐ ☐ ☐ ☐ ☐ ☐ ☐

Enlever mes abonnements inutiles

☐ ☐ ☐ ☐ ☐ ☐ ☐

Faire 10 demandes d'amis sur Facebook

☐ ☐ ☐ ☐ ☐ ☐ ☐

Envoyer des messages à mes nouveaux amis

☐ ☐ ☐ ☐ ☐ ☐ ☐

Souhaiter les anniversaires

☐ ☐ ☐ ☐ ☐ ☐ ☐

Liker et commenter les post de mes nouveaux amis

☐ ☐ ☐ ☐ ☐ ☐ ☐

Liker et commenter 5 publications dans des groupes

☐ ☐ ☐ ☐ ☐ ☐ ☐

Publier dans des groupes pour créer de l'interaction

☐ ☐ ☐ ☐ ☐ ☐ ☐

Envoyer des messages spontanés pour l'activité

☐ ☐ ☐ ☐ ☐ ☐ ☐

Envoyer des messages spontanés pour faire connaissance

☐ ☐ ☐ ☐ ☐ ☐ ☐

Relancer les prospects (récents. anciens. liste...)

☐ ☐ ☐ ☐ ☐ ☐ ☐

PLANIFICATION DE MES POST

Lundi	Mardi	Mercredi	Jeudi	Vendredi	Samedi	Dimanche

Live de la semaine ....

Réunions auxquelles j'assiste

Date .... Thème ....

Date .... Thème ....

Date .... Thème ....

Date .... Thème ....

Date .... Thème ....

Nb de ventes de la semaine ☐ Nb de parrainages de la semaine ☐

Suivi clients ☐ Suivi partenaires ☐ Suivi prospects ☐

Objectifs de la semaine atteints ☐ Satisfait de ma semaine ☆☆☆☆☆

A améliorer ....

....

....

....

ROUTINE PERSO

Méditation

☐ ☐ ☐ ☐ ☐ ☐ ☐

Lecture

☐ ☐ ☐ ☐ ☐ ☐ ☐

Ecriture

☐ ☐ ☐ ☐ ☐ ☐ ☐

Sport

☐ ☐ ☐ ☐ ☐ ☐ ☐

Autre ....

☐ ☐ ☐ ☐ ☐ ☐ ☐

SEMAINE DU AU

Objectifs de la semaine

1. ....

2. ....

3. ....

MES ACTIONS RÉSEAUX SOCIAUX SUR LA SEMAINE

Poster sur Instagram. Facebook. Snap...

☐ ☐ ☐ ☐ ☐ ☐ ☐

Poster en story au moins 3x/ jours

☐ ☐ ☐ ☐ ☐ ☐ ☐

S'abonner à 10 comptes Instagram

☐ ☐ ☐ ☐ ☐ ☐ ☐

Envoyer des messages à mes nouveaux abonnés

☐ ☐ ☐ ☐ ☐ ☐ ☐

Interagir avec 10 comptes Instagram sans s'abonner

☐ ☐ ☐ ☐ ☐ ☐ ☐

Faire un post et/ou une story sponsorisés

☐ ☐ ☐ ☐ ☐ ☐ ☐

Enlever mes abonnés fantômes

☐ ☐ ☐ ☐ ☐ ☐ ☐

Enlever mes abonnements inutiles

☐ ☐ ☐ ☐ ☐ ☐ ☐

Faire 10 demandes d'amis sur Facebook

☐ ☐ ☐ ☐ ☐ ☐ ☐

Envoyer des messages à mes nouveaux amis

☐ ☐ ☐ ☐ ☐ ☐ ☐

Souhaiter les anniversaires

☐ ☐ ☐ ☐ ☐ ☐ ☐

Liker et commenter les post de mes nouveaux amis

☐ ☐ ☐ ☐ ☐ ☐ ☐

Liker et commenter 5 publications dans des groupes

☐ ☐ ☐ ☐ ☐ ☐ ☐

Publier dans des groupes pour créer de l'interaction

☐ ☐ ☐ ☐ ☐ ☐ ☐

Envoyer des messages spontanés pour l'activité

☐ ☐ ☐ ☐ ☐ ☐ ☐

Envoyer des messages spontanés pour faire connaissance

☐ ☐ ☐ ☐ ☐ ☐ ☐

Relancer les prospects (récents. anciens. liste...)

☐ ☐ ☐ ☐ ☐ ☐ ☐

PLANIFICATION DE MES POST

Lundi	Mardi	Mercredi	Jeudi	Vendredi	Samedi	Dimanche

Live de la semaine ....

Réunions auxquelles j'assiste

Date .... Thème ....
Date .... Thème ....
Date .... Thème ....
Date .... Thème ....
Date .... Thème ....

Nb de ventes de la semaine ☐ Nb de parrainages de la semaine ☐

Suivi clients ☐ Suivi partenaires ☐ Suivi prospects ☐

Objectifs de la semaine atteints ☐ Satisfait de ma semaine ☆☆☆☆☆

A améliorer ....
....
....
....

ROUTINE PERSO

Méditation
☐ ☐ ☐ ☐ ☐ ☐ ☐

Lecture
☐ ☐ ☐ ☐ ☐ ☐ ☐

Ecriture
☐ ☐ ☐ ☐ ☐ ☐ ☐

Sport
☐ ☐ ☐ ☐ ☐ ☐ ☐

Autre ....
☐ ☐ ☐ ☐ ☐ ☐ ☐

SEMAINE DU AU

Objectifs de la semaine

1. ....

2. ....

3. ....

MES ACTIONS RÉSEAUX SOCIAUX SUR LA SEMAINE

Poster sur Instagram. Facebook. Snap...

☐ ☐ ☐ ☐ ☐ ☐ ☐

Poster en story au moins 3x/ jours

☐ ☐ ☐ ☐ ☐ ☐ ☐

S'abonner à 10 comptes Instagram

☐ ☐ ☐ ☐ ☐ ☐ ☐

Envoyer des messages à mes nouveaux abonnés

☐ ☐ ☐ ☐ ☐ ☐ ☐

Interagir avec 10 comptes Instagram sans s'abonner

☐ ☐ ☐ ☐ ☐ ☐ ☐

Faire un post et/ou une story sponsorisés

☐ ☐ ☐ ☐ ☐ ☐ ☐

Enlever mes abonnés fantômes

☐ ☐ ☐ ☐ ☐ ☐ ☐

Enlever mes abonnements inutiles

☐ ☐ ☐ ☐ ☐ ☐ ☐

Faire 10 demandes d'amis sur Facebook

☐ ☐ ☐ ☐ ☐ ☐ ☐

Envoyer des messages à mes nouveaux amis

☐ ☐ ☐ ☐ ☐ ☐ ☐

Souhaiter les anniversaires

☐ ☐ ☐ ☐ ☐ ☐ ☐

Liker et commenter les post de mes nouveaux amis

☐ ☐ ☐ ☐ ☐ ☐ ☐

Liker et commenter 5 publications dans des groupes

☐ ☐ ☐ ☐ ☐ ☐ ☐

Publier dans des groupes pour créer de l'interaction

☐ ☐ ☐ ☐ ☐ ☐ ☐

Envoyer des messages spontanés pour l'activité

☐ ☐ ☐ ☐ ☐ ☐ ☐

Envoyer des messages spontanés pour faire connaissance

☐ ☐ ☐ ☐ ☐ ☐ ☐

Relancer les prospects (récents. anciens. liste...)

☐ ☐ ☐ ☐ ☐ ☐ ☐

PLANIFICATION DE MES POST

Lundi	Mardi	Mercredi	Jeudi	Vendredi	Samedi	Dimanche

LIVE

Live de la semaine ....

Réunions auxquelles j'assiste

Date .... Thème ....

Date .... Thème ....

Date .... Thème ....

Date .... Thème ....

Date .... Thème ....

Nb de ventes de la semaine ☐ Nb de parrainages de la semaine ☐

Suivi clients ☐ Suivi partenaires ☐ Suivi prospects ☐

Objectifs de la semaine atteints ☐ Satisfait de ma semaine ☆☆☆☆☆

A améliorer ....

....

....

....

ROUTINE PERSO

Méditation

☐ ☐ ☐ ☐ ☐ ☐ ☐

Lecture

☐ ☐ ☐ ☐ ☐ ☐ ☐

Ecriture

☐ ☐ ☐ ☐ ☐ ☐ ☐

Sport

☐ ☐ ☐ ☐ ☐ ☐ ☐

Autre ....

☐ ☐ ☐ ☐ ☐ ☐ ☐

SEMAINE DU AU

Objectifs de la semaine

1. ....

2. ....

3. ....

MES ACTIONS RÉSEAUX SOCIAUX SUR LA SEMAINE

Poster sur Instagram. Facebook. Snap...

☐ ☐ ☐ ☐ ☐ ☐ ☐

Poster en story au moins 3x/ jours

☐ ☐ ☐ ☐ ☐ ☐ ☐

S'abonner à 10 comptes Instagram

☐ ☐ ☐ ☐ ☐ ☐ ☐

Envoyer des messages à mes nouveaux abonnés

☐ ☐ ☐ ☐ ☐ ☐ ☐

Interagir avec 10 comptes Instagram sans s'abonner

☐ ☐ ☐ ☐ ☐ ☐ ☐

Faire un post et/ou une story sponsorisés

☐ ☐ ☐ ☐ ☐ ☐ ☐

Enlever mes abonnés fantômes

☐ ☐ ☐ ☐ ☐ ☐ ☐

Enlever mes abonnements inutiles

☐ ☐ ☐ ☐ ☐ ☐ ☐

Faire 10 demandes d'amis sur Facebook

☐ ☐ ☐ ☐ ☐ ☐ ☐

Envoyer des messages à mes nouveaux amis

☐ ☐ ☐ ☐ ☐ ☐ ☐

Souhaiter les anniversaires

☐ ☐ ☐ ☐ ☐ ☐ ☐

Liker et commenter les post de mes nouveaux amis

☐ ☐ ☐ ☐ ☐ ☐ ☐

Liker et commenter 5 publications dans des groupes

☐ ☐ ☐ ☐ ☐ ☐ ☐

Publier dans des groupes pour créer de l'interaction

☐ ☐ ☐ ☐ ☐ ☐ ☐

Envoyer des messages spontanés pour l'activité

☐ ☐ ☐ ☐ ☐ ☐ ☐

Envoyer des messages spontanés pour faire connaissance

☐ ☐ ☐ ☐ ☐ ☐ ☐

Relancer les prospects (récents. anciens. liste...)

☐ ☐ ☐ ☐ ☐ ☐ ☐

PLANIFICATION DE MES POST

Lundi	Mardi	Mercredi	Jeudi	Vendredi	Samedi	Dimanche

Live de la semaine ....

Réunions auxquelles j'assiste

Date .... Thème ....

Date .... Thème ....

Date .... Thème ....

Date .... Thème ....

Date .... Thème ....

Nb de ventes de la semaine ☐ Nb de parrainages de la semaine ☐

Suivi clients ☐ Suivi partenaires ☐ Suivi prospects ☐

Objectifs de la semaine atteints ☐ Satisfait de ma semaine ☆☆☆☆☆

A améliorer ....

....

....

....

ROUTINE PERSO

Méditation

☐ ☐ ☐ ☐ ☐ ☐ ☐

Lecture

☐ ☐ ☐ ☐ ☐ ☐ ☐

Ecriture

☐ ☐ ☐ ☐ ☐ ☐ ☐

Sport

☐ ☐ ☐ ☐ ☐ ☐ ☐

Autre ....

☐ ☐ ☐ ☐ ☐ ☐ ☐

SEMAINE DU AU

Objectifs de la semaine

1. ....

2. ....

3. ....

MES ACTIONS RÉSEAUX SOCIAUX SUR LA SEMAINE

Poster sur Instagram. Facebook. Snap...

☐ ☐ ☐ ☐ ☐ ☐ ☐

Poster en story au moins 3x/ jours

☐ ☐ ☐ ☐ ☐ ☐ ☐

S'abonner à 10 comptes Instagram

☐ ☐ ☐ ☐ ☐ ☐ ☐

Envoyer des messages à mes nouveaux abonnés

☐ ☐ ☐ ☐ ☐ ☐ ☐

Interagir avec 10 comptes Instagram sans s'abonner

☐ ☐ ☐ ☐ ☐ ☐ ☐

Faire un post et/ou une story sponsorisés

☐ ☐ ☐ ☐ ☐ ☐ ☐

Enlever mes abonnés fantômes

☐ ☐ ☐ ☐ ☐ ☐ ☐

Enlever mes abonnements inutiles

☐ ☐ ☐ ☐ ☐ ☐ ☐

Faire 10 demandes d'amis sur Facebook

☐ ☐ ☐ ☐ ☐ ☐ ☐

Envoyer des messages à mes nouveaux amis

☐ ☐ ☐ ☐ ☐ ☐ ☐

Souhaiter les anniversaires

☐ ☐ ☐ ☐ ☐ ☐ ☐

Liker et commenter les post de mes nouveaux amis

☐ ☐ ☐ ☐ ☐ ☐ ☐

Liker et commenter 5 publications dans des groupes

☐ ☐ ☐ ☐ ☐ ☐ ☐

Publier dans des groupes pour créer de l'interaction

☐ ☐ ☐ ☐ ☐ ☐ ☐

Envoyer des messages spontanés pour l'activité

☐ ☐ ☐ ☐ ☐ ☐ ☐

Envoyer des messages spontanés pour faire connaissance

☐ ☐ ☐ ☐ ☐ ☐ ☐

Relancer les prospects (récents. anciens. liste...)

☐ ☐ ☐ ☐ ☐ ☐ ☐

PLANIFICATION DE MES POST

Lundi	Mardi	Mercredi	Jeudi	Vendredi	Samedi	Dimanche

LIVE

Live de la semaine ....

Réunions auxquelles j'assiste

Date .... Thème ....

Date .... Thème ....

Date .... Thème ....

Date .... Thème ....

Date .... Thème ....

Nb de ventes de la semaine ☐ Nb de parrainages de la semaine ☐

Suivi clients ☐ Suivi partenaires ☐ Suivi prospects ☐

Objectifs de la semaine atteints ☐ Satisfait de ma semaine ☆☆☆☆☆

A améliorer ....

....

....

....

ROUTINE PERSO

Méditation

☐ ☐ ☐ ☐ ☐ ☐ ☐

Lecture

☐ ☐ ☐ ☐ ☐ ☐ ☐

Ecriture

☐ ☐ ☐ ☐ ☐ ☐ ☐

Sport

☐ ☐ ☐ ☐ ☐ ☐ ☐

Autre ....

☐ ☐ ☐ ☐ ☐ ☐ ☐

SEMAINE DU AU

Objectifs de la semaine

1. ....

2. ....

3. ....

MES ACTIONS RÉSEAUX SOCIAUX SUR LA SEMAINE

Poster sur Instagram, Facebook, Snap...

☐ ☐ ☐ ☐ ☐ ☐ ☐

Poster en story au moins 3x/ jours

☐ ☐ ☐ ☐ ☐ ☐ ☐

S'abonner à 10 comptes Instagram

☐ ☐ ☐ ☐ ☐ ☐ ☐

Envoyer des messages à mes nouveaux abonnés

☐ ☐ ☐ ☐ ☐ ☐ ☐

Interagir avec 10 comptes Instagram sans s'abonner

☐ ☐ ☐ ☐ ☐ ☐ ☐

Faire un post et/ou une story sponsorisés

☐ ☐ ☐ ☐ ☐ ☐ ☐

Enlever mes abonnés fantômes

☐ ☐ ☐ ☐ ☐ ☐ ☐

Enlever mes abonnements inutiles

☐ ☐ ☐ ☐ ☐ ☐ ☐

Faire 10 demandes d'amis sur Facebook

☐ ☐ ☐ ☐ ☐ ☐ ☐

Envoyer des messages à mes nouveaux amis

☐ ☐ ☐ ☐ ☐ ☐ ☐

Souhaiter les anniversaires

☐ ☐ ☐ ☐ ☐ ☐ ☐

Liker et commenter les post de mes nouveaux amis

☐ ☐ ☐ ☐ ☐ ☐ ☐

Liker et commenter 5 publications dans des groupes

☐ ☐ ☐ ☐ ☐ ☐ ☐

Publier dans des groupes pour créer de l'interaction

☐ ☐ ☐ ☐ ☐ ☐ ☐

Envoyer des messages spontanés pour l'activité

☐ ☐ ☐ ☐ ☐ ☐ ☐

Envoyer des messages spontanés pour faire connaissance

☐ ☐ ☐ ☐ ☐ ☐ ☐

Relancer les prospects (récents, anciens, liste...)

☐ ☐ ☐ ☐ ☐ ☐ ☐

PLANIFICATION DE MES POST

Lundi	Mardi	Mercredi	Jeudi	Vendredi	Samedi	Dimanche

Live de la semaine ....

Réunions auxquelles j'assiste

Date .... Thème ....

Date .... Thème ....

Date .... Thème ....

Date .... Thème ....

Date .... Thème ....

Nb de ventes de la semaine ☐ Nb de parrainages de la semaine ☐

Suivi clients ☐ Suivi partenaires ☐ Suivi prospects ☐

Objectifs de la semaine atteints ☐ Satisfait de ma semaine ☆☆☆☆☆

A améliorer ....

....

....

....

ROUTINE PERSO

Méditation

☐ ☐ ☐ ☐ ☐ ☐ ☐

Lecture

☐ ☐ ☐ ☐ ☐ ☐ ☐

Ecriture

☐ ☐ ☐ ☐ ☐ ☐ ☐

Sport

☐ ☐ ☐ ☐ ☐ ☐ ☐

Autre ....

☐ ☐ ☐ ☐ ☐ ☐ ☐

SEMAINE DU AU

Objectifs de la semaine

1. ....

2. ....

3. ....

MES ACTIONS RÉSEAUX SOCIAUX SUR LA SEMAINE

Poster sur Instagram. Facebook. Snap...

☐ ☐ ☐ ☐ ☐ ☐ ☐

Poster en story au moins 3x/ jours

☐ ☐ ☐ ☐ ☐ ☐ ☐

S'abonner à 10 comptes Instagram

☐ ☐ ☐ ☐ ☐ ☐ ☐

Envoyer des messages à mes nouveaux abonnés

☐ ☐ ☐ ☐ ☐ ☐ ☐

Interagir avec 10 comptes Instagram sans s'abonner

☐ ☐ ☐ ☐ ☐ ☐ ☐

Faire un post et/ou une story sponsorisés

☐ ☐ ☐ ☐ ☐ ☐ ☐

Enlever mes abonnés fantômes

☐ ☐ ☐ ☐ ☐ ☐ ☐

Enlever mes abonnements inutiles

☐ ☐ ☐ ☐ ☐ ☐ ☐

Faire 10 demandes d'amis sur Facebook

☐ ☐ ☐ ☐ ☐ ☐ ☐

Envoyer des messages à mes nouveaux amis

☐ ☐ ☐ ☐ ☐ ☐ ☐

Souhaiter les anniversaires

☐ ☐ ☐ ☐ ☐ ☐ ☐

Liker et commenter les post de mes nouveaux amis

☐ ☐ ☐ ☐ ☐ ☐ ☐

Liker et commenter 5 publications dans des groupes

☐ ☐ ☐ ☐ ☐ ☐ ☐

Publier dans des groupes pour créer de l'interaction

☐ ☐ ☐ ☐ ☐ ☐ ☐

Envoyer des messages spontanés pour l'activité

☐ ☐ ☐ ☐ ☐ ☐ ☐

Envoyer des messages spontanés pour faire connaissance

☐ ☐ ☐ ☐ ☐ ☐ ☐

Relancer les prospects (récents. anciens. liste...)

☐ ☐ ☐ ☐ ☐ ☐ ☐

PLANIFICATION DE MES POST

Lundi	Mardi	Mercredi	Jeudi	Vendredi	Samedi	Dimanche

Live de la semaine ....

Réunions auxquelles j'assiste

Date .... Thème ....

Date .... Thème ....

Date .... Thème ....

Date .... Thème ....

Date .... Thème ....

Nb de ventes de la semaine ☐ Nb de parrainages de la semaine ☐

Suivi clients ☐ Suivi partenaires ☐ Suivi prospects ☐

Objectifs de la semaine atteints ☐ Satisfait de ma semaine ☆☆☆☆☆

A améliorer ....

....

....

....

ROUTINE PERSO

Méditation

☐ ☐ ☐ ☐ ☐ ☐ ☐

Lecture

☐ ☐ ☐ ☐ ☐ ☐ ☐

Ecriture

☐ ☐ ☐ ☐ ☐ ☐ ☐

Sport

☐ ☐ ☐ ☐ ☐ ☐ ☐

Autre ....

☐ ☐ ☐ ☐ ☐ ☐ ☐

SEMAINE DU AU

Objectifs de la semaine

1. ....

2. ....

3. ....

MES ACTIONS RÉSEAUX SOCIAUX SUR LA SEMAINE

Poster sur Instagram. Facebook. Snap...

☐ ☐ ☐ ☐ ☐ ☐ ☐

Poster en story au moins 3x/ jours

☐ ☐ ☐ ☐ ☐ ☐ ☐

S'abonner à 10 comptes Instagram

☐ ☐ ☐ ☐ ☐ ☐ ☐

Envoyer des messages à mes nouveaux abonnés

☐ ☐ ☐ ☐ ☐ ☐ ☐

Interagir avec 10 comptes Instagram sans s'abonner

☐ ☐ ☐ ☐ ☐ ☐ ☐

Faire un post et/ou une story sponsorisés

☐ ☐ ☐ ☐ ☐ ☐ ☐

Enlever mes abonnés fantômes

☐ ☐ ☐ ☐ ☐ ☐ ☐

Enlever mes abonnements inutiles

☐ ☐ ☐ ☐ ☐ ☐ ☐

Faire 10 demandes d'amis sur Facebook

☐ ☐ ☐ ☐ ☐ ☐ ☐

Envoyer des messages à mes nouveaux amis

☐ ☐ ☐ ☐ ☐ ☐ ☐

Souhaiter les anniversaires

☐ ☐ ☐ ☐ ☐ ☐ ☐

Liker et commenter les post de mes nouveaux amis

☐ ☐ ☐ ☐ ☐ ☐ ☐

Liker et commenter 5 publications dans des groupes

☐ ☐ ☐ ☐ ☐ ☐ ☐

Publier dans des groupes pour créer de l'interaction

☐ ☐ ☐ ☐ ☐ ☐ ☐

Envoyer des messages spontanés pour l'activité

☐ ☐ ☐ ☐ ☐ ☐ ☐

Envoyer des messages spontanés pour faire connaissance

☐ ☐ ☐ ☐ ☐ ☐ ☐

Relancer les prospects (récents. anciens. liste...)

☐ ☐ ☐ ☐ ☐ ☐ ☐

PLANIFICATION DE MES POST

Lundi	Mardi	Mercredi	Jeudi	Vendredi	Samedi	Dimanche

LIVE

Live de la semaine ....

Réunions auxquelles j'assiste

Date .... Thème ....

Date .... Thème ....

Date .... Thème ....

Date .... Thème ....

Date .... Thème ....

Nb de ventes de la semaine ☐ Nb de parrainages de la semaine ☐

Suivi clients ☐ Suivi partenaires ☐ Suivi prospects ☐

Objectifs de la semaine atteints ☐ Satisfait de ma semaine ☆☆☆☆☆

A améliorer ....

....

....

....

ROUTINE PERSO

Méditation

☐ ☐ ☐ ☐ ☐ ☐ ☐

Lecture

☐ ☐ ☐ ☐ ☐ ☐ ☐

Ecriture

☐ ☐ ☐ ☐ ☐ ☐ ☐

Sport

☐ ☐ ☐ ☐ ☐ ☐ ☐

Autre ....

☐ ☐ ☐ ☐ ☐ ☐ ☐

SEMAINE DU AU

Objectifs de la semaine

1. ....

2. ....

3. ....

MES ACTIONS RÉSEAUX SOCIAUX SUR LA SEMAINE

Poster sur Instagram. Facebook. Snap...

☐ ☐ ☐ ☐ ☐ ☐ ☐

Poster en story au moins 3x/ jours

☐ ☐ ☐ ☐ ☐ ☐ ☐

S'abonner à 10 comptes Instagram

☐ ☐ ☐ ☐ ☐ ☐ ☐

Envoyer des messages à mes nouveaux abonnés

☐ ☐ ☐ ☐ ☐ ☐ ☐

Interagir avec 10 comptes Instagram sans s'abonner

☐ ☐ ☐ ☐ ☐ ☐ ☐

Faire un post et/ou une story sponsorisés

☐ ☐ ☐ ☐ ☐ ☐ ☐

Enlever mes abonnés fantômes

☐ ☐ ☐ ☐ ☐ ☐ ☐

Enlever mes abonnements inutiles

☐ ☐ ☐ ☐ ☐ ☐ ☐

Faire 10 demandes d'amis sur Facebook

☐ ☐ ☐ ☐ ☐ ☐ ☐

Envoyer des messages à mes nouveaux amis

☐ ☐ ☐ ☐ ☐ ☐ ☐

Souhaiter les anniversaires

☐ ☐ ☐ ☐ ☐ ☐ ☐

Liker et commenter les post de mes nouveaux amis

☐ ☐ ☐ ☐ ☐ ☐ ☐

Liker et commenter 5 publications dans des groupes

☐ ☐ ☐ ☐ ☐ ☐ ☐

Publier dans des groupes pour créer de l'interaction

☐ ☐ ☐ ☐ ☐ ☐ ☐

Envoyer des messages spontanés pour l'activité

☐ ☐ ☐ ☐ ☐ ☐ ☐

Envoyer des messages spontanés pour faire connaissance

☐ ☐ ☐ ☐ ☐ ☐ ☐

Relancer les prospects (récents. anciens. liste...)

☐ ☐ ☐ ☐ ☐ ☐ ☐

PLANIFICATION DE MES POST

Lundi	Mardi	Mercredi	Jeudi	Vendredi	Samedi	Dimanche

Live de la semaine ....

Réunions auxquelles j'assiste

Date .... Thème ....

Date .... Thème ....

Date .... Thème ....

Date .... Thème ....

Date .... Thème ....

Nb de ventes de la semaine ☐ Nb de parrainages de la semaine ☐

Suivi clients ☐ Suivi partenaires ☐ Suivi prospects ☐

Objectifs de la semaine atteints ☐ Satisfait de ma semaine ☆☆☆☆☆

A améliorer ....

....

....

....

ROUTINE PERSO

Méditation

☐ ☐ ☐ ☐ ☐ ☐ ☐

Lecture

☐ ☐ ☐ ☐ ☐ ☐ ☐

Ecriture

☐ ☐ ☐ ☐ ☐ ☐ ☐

Sport

☐ ☐ ☐ ☐ ☐ ☐ ☐

Autre ....

☐ ☐ ☐ ☐ ☐ ☐ ☐

SEMAINE DU AU

Objectifs de la semaine

1. ....

2. ....

3. ....

MES ACTIONS RÉSEAUX SOCIAUX SUR LA SEMAINE

Poster sur Instagram. Facebook. Snap...

☐ ☐ ☐ ☐ ☐ ☐ ☐

Poster en story au moins 3x/ jours

☐ ☐ ☐ ☐ ☐ ☐ ☐

S'abonner à 10 comptes Instagram

☐ ☐ ☐ ☐ ☐ ☐ ☐

Envoyer des messages à mes nouveaux abonnés

☐ ☐ ☐ ☐ ☐ ☐ ☐

Interagir avec 10 comptes Instagram sans s'abonner

☐ ☐ ☐ ☐ ☐ ☐ ☐

Faire un post et/ou une story sponsorisés

☐ ☐ ☐ ☐ ☐ ☐ ☐

Enlever mes abonnés fantômes

☐ ☐ ☐ ☐ ☐ ☐ ☐

Enlever mes abonnements inutiles

☐ ☐ ☐ ☐ ☐ ☐ ☐

Faire 10 demandes d'amis sur Facebook

☐ ☐ ☐ ☐ ☐ ☐ ☐

Envoyer des messages à mes nouveaux amis

☐ ☐ ☐ ☐ ☐ ☐ ☐

Souhaiter les anniversaires

☐ ☐ ☐ ☐ ☐ ☐ ☐

Liker et commenter les post de mes nouveaux amis

☐ ☐ ☐ ☐ ☐ ☐ ☐

Liker et commenter 5 publications dans des groupes

☐ ☐ ☐ ☐ ☐ ☐ ☐

Publier dans des groupes pour créer de l'interaction

☐ ☐ ☐ ☐ ☐ ☐ ☐

Envoyer des messages spontanés pour l'activité

☐ ☐ ☐ ☐ ☐ ☐ ☐

Envoyer des messages spontanés pour faire connaissance

☐ ☐ ☐ ☐ ☐ ☐ ☐

Relancer les prospects (récents. anciens. liste...)

☐ ☐ ☐ ☐ ☐ ☐ ☐

PLANIFICATION DE MES POST

Lundi	Mardi	Mercredi	Jeudi	Vendredi	Samedi	Dimanche

LIVE

Live de la semaine ....

Réunions auxquelles j'assiste

Date .... Thème ....

Date .... Thème ....

Date .... Thème ....

Date .... Thème ....

Date .... Thème ....

Nb de ventes de la semaine ☐ Nb de parrainages de la semaine ☐

Suivi clients ☐ Suivi partenaires ☐ Suivi prospects ☐

Objectifs de la semaine atteints ☐ Satisfait de ma semaine ☆☆☆☆☆

A améliorer ....

....

....

....

ROUTINE PERSO

Méditation

☐ ☐ ☐ ☐ ☐ ☐ ☐

Lecture

☐ ☐ ☐ ☐ ☐ ☐ ☐

Ecriture

☐ ☐ ☐ ☐ ☐ ☐ ☐

Sport

☐ ☐ ☐ ☐ ☐ ☐ ☐

Autre ....

☐ ☐ ☐ ☐ ☐ ☐ ☐

SEMAINE DU AU

Objectifs de la semaine

1. ....

2. ....

3. ....

MES ACTIONS RÉSEAUX SOCIAUX SUR LA SEMAINE

Poster sur Instagram. Facebook. Snap...

☐ ☐ ☐ ☐ ☐ ☐ ☐

Poster en story au moins 3x/ jours

☐ ☐ ☐ ☐ ☐ ☐ ☐

S'abonner à 10 comptes Instagram

☐ ☐ ☐ ☐ ☐ ☐ ☐

Envoyer des messages à mes nouveaux abonnés

☐ ☐ ☐ ☐ ☐ ☐ ☐

Interagir avec 10 comptes Instagram sans s'abonner

☐ ☐ ☐ ☐ ☐ ☐ ☐

Faire un post et/ou une story sponsorisés

☐ ☐ ☐ ☐ ☐ ☐ ☐

Enlever mes abonnés fantômes

☐ ☐ ☐ ☐ ☐ ☐ ☐

Enlever mes abonnements inutiles

☐ ☐ ☐ ☐ ☐ ☐ ☐

Faire 10 demandes d'amis sur Facebook

☐ ☐ ☐ ☐ ☐ ☐ ☐

Envoyer des messages à mes nouveaux amis

☐ ☐ ☐ ☐ ☐ ☐ ☐

Souhaiter les anniversaires

☐ ☐ ☐ ☐ ☐ ☐ ☐

Liker et commenter les post de mes nouveaux amis

☐ ☐ ☐ ☐ ☐ ☐ ☐

Liker et commenter 5 publications dans des groupes

☐ ☐ ☐ ☐ ☐ ☐ ☐

Publier dans des groupes pour créer de l'interaction

☐ ☐ ☐ ☐ ☐ ☐ ☐

Envoyer des messages spontanés pour l'activité

☐ ☐ ☐ ☐ ☐ ☐ ☐

Envoyer des messages spontanés pour faire connaissance

☐ ☐ ☐ ☐ ☐ ☐ ☐

Relancer les prospects (récents. anciens. liste...)

☐ ☐ ☐ ☐ ☐ ☐ ☐

PLANIFICATION DE MES POST

Lundi	Mardi	Mercredi	Jeudi	Vendredi	Samedi	Dimanche

Live de la semaine ....

Réunions auxquelles j'assiste

Date .... Thème ....

Date .... Thème ....

Date .... Thème ....

Date .... Thème ....

Date .... Thème ....

Nb de ventes de la semaine ☐ Nb de parrainages de la semaine ☐

Suivi clients ☐ Suivi partenaires ☐ Suivi prospects ☐

Objectifs de la semaine atteints ☐ Satisfait de ma semaine ☆☆☆☆☆

A améliorer ....

....

....

....

ROUTINE PERSO

Méditation

☐ ☐ ☐ ☐ ☐ ☐ ☐

Lecture

☐ ☐ ☐ ☐ ☐ ☐ ☐

Ecriture

☐ ☐ ☐ ☐ ☐ ☐ ☐

Sport

☐ ☐ ☐ ☐ ☐ ☐ ☐

Autre ....

☐ ☐ ☐ ☐ ☐ ☐ ☐

SEMAINE DU AU

Objectifs de la semaine

1. ....

2. ....

3. ....

MES ACTIONS RÉSEAUX SOCIAUX SUR LA SEMAINE

Poster sur Instagram, Facebook, Snap...

☐ ☐ ☐ ☐ ☐ ☐ ☐

Poster en story au moins 3x/ jours

☐ ☐ ☐ ☐ ☐ ☐ ☐

S'abonner à 10 comptes Instagram

☐ ☐ ☐ ☐ ☐ ☐ ☐

Envoyer des messages à mes nouveaux abonnés

☐ ☐ ☐ ☐ ☐ ☐ ☐

Interagir avec 10 comptes Instagram sans s'abonner

☐ ☐ ☐ ☐ ☐ ☐ ☐

Faire un post et/ou une story sponsorisés

☐ ☐ ☐ ☐ ☐ ☐ ☐

Enlever mes abonnés fantômes

☐ ☐ ☐ ☐ ☐ ☐ ☐

Enlever mes abonnements inutiles

☐ ☐ ☐ ☐ ☐ ☐ ☐

Faire 10 demandes d'amis sur Facebook

☐ ☐ ☐ ☐ ☐ ☐ ☐

Envoyer des messages à mes nouveaux amis

☐ ☐ ☐ ☐ ☐ ☐ ☐

Souhaiter les anniversaires

☐ ☐ ☐ ☐ ☐ ☐ ☐

Liker et commenter les post de mes nouveaux amis

☐ ☐ ☐ ☐ ☐ ☐ ☐

Liker et commenter 5 publications dans des groupes

☐ ☐ ☐ ☐ ☐ ☐ ☐

Publier dans des groupes pour créer de l'interaction

☐ ☐ ☐ ☐ ☐ ☐ ☐

Envoyer des messages spontanés pour l'activité

☐ ☐ ☐ ☐ ☐ ☐ ☐

Envoyer des messages spontanés pour faire connaissance

☐ ☐ ☐ ☐ ☐ ☐ ☐

Relancer les prospects (récents, anciens, liste...)

☐ ☐ ☐ ☐ ☐ ☐ ☐

PLANIFICATION DE MES POST

Lundi	Mardi	Mercredi	Jeudi	Vendredi	Samedi	Dimanche

Live de la semaine ....

Réunions auxquelles j'assiste

Date .... Thème ....

Date .... Thème ....

Date .... Thème ....

Date .... Thème ....

Date .... Thème ....

Nb de ventes de la semaine ☐ Nb de parrainages de la semaine ☐

Suivi clients ☐ Suivi partenaires ☐ Suivi prospects ☐

Objectifs de la semaine atteints ☐ Satisfait de ma semaine ☆☆☆☆☆

A améliorer ....

....

....

....

ROUTINE PERSO

Méditation

☐ ☐ ☐ ☐ ☐ ☐ ☐

Lecture

☐ ☐ ☐ ☐ ☐ ☐ ☐

Ecriture

☐ ☐ ☐ ☐ ☐ ☐ ☐

Sport

☐ ☐ ☐ ☐ ☐ ☐ ☐

Autre ....

☐ ☐ ☐ ☐ ☐ ☐ ☐

SEMAINE DU AU

Objectifs de la semaine

1. ....

2. ....

3. ....

MES ACTIONS RÉSEAUX SOCIAUX SUR LA SEMAINE

Poster sur Instagram. Facebook. Snap...

☐ ☐ ☐ ☐ ☐ ☐ ☐

Poster en story au moins 3x/ jours

☐ ☐ ☐ ☐ ☐ ☐ ☐

S'abonner à 10 comptes Instagram

☐ ☐ ☐ ☐ ☐ ☐ ☐

Envoyer des messages à mes nouveaux abonnés

☐ ☐ ☐ ☐ ☐ ☐ ☐

Interagir avec 10 comptes Instagram sans s'abonner

☐ ☐ ☐ ☐ ☐ ☐ ☐

Faire un post et/ou une story sponsorisés

☐ ☐ ☐ ☐ ☐ ☐ ☐

Enlever mes abonnés fantômes

☐ ☐ ☐ ☐ ☐ ☐ ☐

Enlever mes abonnements inutiles

☐ ☐ ☐ ☐ ☐ ☐ ☐

Faire 10 demandes d'amis sur Facebook

☐ ☐ ☐ ☐ ☐ ☐ ☐

Envoyer des messages à mes nouveaux amis

☐ ☐ ☐ ☐ ☐ ☐ ☐

Souhaiter les anniversaires

☐ ☐ ☐ ☐ ☐ ☐ ☐

Liker et commenter les post de mes nouveaux amis

☐ ☐ ☐ ☐ ☐ ☐ ☐

Liker et commenter 5 publications dans des groupes

☐ ☐ ☐ ☐ ☐ ☐ ☐

Publier dans des groupes pour créer de l'interaction

☐ ☐ ☐ ☐ ☐ ☐ ☐

Envoyer des messages spontanés pour l'activité

☐ ☐ ☐ ☐ ☐ ☐ ☐

Envoyer des messages spontanés pour faire connaissance

☐ ☐ ☐ ☐ ☐ ☐ ☐

Relancer les prospects (récents. anciens. liste...)

☐ ☐ ☐ ☐ ☐ ☐ ☐

PLANIFICATION DE MES POST

Lundi	Mardi	Mercredi	Jeudi	Vendredi	Samedi	Dimanche

LIVE

Live de la semaine ....

Réunions auxquelles j'assiste

Date .... Thème ....

Date .... Thème ....

Date .... Thème ....

Date .... Thème ....

Date .... Thème ....

Nb de ventes de la semaine ☐ Nb de parrainages de la semaine ☐

Suivi clients ☐ Suivi partenaires ☐ Suivi prospects ☐

Objectifs de la semaine atteints ☐ Satisfait de ma semaine ☆☆☆☆☆

A améliorer ....

....

....

....

ROUTINE PERSO

Méditation

☐ ☐ ☐ ☐ ☐ ☐ ☐

Lecture

☐ ☐ ☐ ☐ ☐ ☐ ☐

Ecriture

☐ ☐ ☐ ☐ ☐ ☐ ☐

Sport

☐ ☐ ☐ ☐ ☐ ☐ ☐

Autre ....

☐ ☐ ☐ ☐ ☐ ☐ ☐

SEMAINE DU AU

Objectifs de la semaine

1. ....

2. ....

3. ....

MES ACTIONS RÉSEAUX SOCIAUX SUR LA SEMAINE

Poster sur Instagram, Facebook, Snap...

☐ ☐ ☐ ☐ ☐ ☐ ☐

Poster en story au moins 3x/ jours

☐ ☐ ☐ ☐ ☐ ☐ ☐

S'abonner à 10 comptes Instagram

☐ ☐ ☐ ☐ ☐ ☐ ☐

Envoyer des messages à mes nouveaux abonnés

☐ ☐ ☐ ☐ ☐ ☐ ☐

Interagir avec 10 comptes Instagram sans s'abonner

☐ ☐ ☐ ☐ ☐ ☐ ☐

Faire un post et/ou une story sponsorisés

☐ ☐ ☐ ☐ ☐ ☐ ☐

Enlever mes abonnés fantômes

☐ ☐ ☐ ☐ ☐ ☐ ☐

Enlever mes abonnements inutiles

☐ ☐ ☐ ☐ ☐ ☐ ☐

Faire 10 demandes d'amis sur Facebook

☐ ☐ ☐ ☐ ☐ ☐ ☐

Envoyer des messages à mes nouveaux amis

☐ ☐ ☐ ☐ ☐ ☐ ☐

Souhaiter les anniversaires

☐ ☐ ☐ ☐ ☐ ☐ ☐

Liker et commenter les post de mes nouveaux amis

☐ ☐ ☐ ☐ ☐ ☐ ☐

Liker et commenter 5 publications dans des groupes

☐ ☐ ☐ ☐ ☐ ☐ ☐

Publier dans des groupes pour créer de l'interaction

☐ ☐ ☐ ☐ ☐ ☐ ☐

Envoyer des messages spontanés pour l'activité

☐ ☐ ☐ ☐ ☐ ☐ ☐

Envoyer des messages spontanés pour faire connaissance

☐ ☐ ☐ ☐ ☐ ☐ ☐

Relancer les prospects (récents, anciens, liste...)

☐ ☐ ☐ ☐ ☐ ☐ ☐

PLANIFICATION DE MES POST

Lundi	Mardi	Mercredi	Jeudi	Vendredi	Samedi	Dimanche

Live de la semaine ....

Réunions auxquelles j'assiste

Date .... Thème ....

Date .... Thème ....

Date .... Thème ....

Date .... Thème ....

Date .... Thème ....

Nb de ventes de la semaine ☐ Nb de parrainages de la semaine ☐

Suivi clients ☐ Suivi partenaires ☐ Suivi prospects ☐

Objectifs de la semaine atteints ☐ Satisfait de ma semaine ☆☆☆☆☆

A améliorer ....

....

....

....

ROUTINE PERSO

Méditation

☐ ☐ ☐ ☐ ☐ ☐ ☐

Lecture

☐ ☐ ☐ ☐ ☐ ☐ ☐

Ecriture

☐ ☐ ☐ ☐ ☐ ☐ ☐

Sport

☐ ☐ ☐ ☐ ☐ ☐ ☐

Autre ....

☐ ☐ ☐ ☐ ☐ ☐ ☐

SEMAINE DU AU

Objectifs de la semaine

1. ....

2. ....

3. ....

MES ACTIONS RÉSEAUX SOCIAUX SUR LA SEMAINE

Poster sur Instagram, Facebook, Snap...

☐ ☐ ☐ ☐ ☐ ☐ ☐

Poster en story au moins 3x/ jours

☐ ☐ ☐ ☐ ☐ ☐ ☐

S'abonner à 10 comptes Instagram

☐ ☐ ☐ ☐ ☐ ☐ ☐

Envoyer des messages à mes nouveaux abonnés

☐ ☐ ☐ ☐ ☐ ☐ ☐

Interagir avec 10 comptes Instagram sans s'abonner

☐ ☐ ☐ ☐ ☐ ☐ ☐

Faire un post et/ou une story sponsorisés

☐ ☐ ☐ ☐ ☐ ☐ ☐

Enlever mes abonnés fantômes

☐ ☐ ☐ ☐ ☐ ☐ ☐

Enlever mes abonnements inutiles

☐ ☐ ☐ ☐ ☐ ☐ ☐

Faire 10 demandes d'amis sur Facebook

☐ ☐ ☐ ☐ ☐ ☐ ☐

Envoyer des messages à mes nouveaux amis

☐ ☐ ☐ ☐ ☐ ☐ ☐

Souhaiter les anniversaires

☐ ☐ ☐ ☐ ☐ ☐ ☐

Liker et commenter les post de mes nouveaux amis

☐ ☐ ☐ ☐ ☐ ☐ ☐

Liker et commenter 5 publications dans des groupes

☐ ☐ ☐ ☐ ☐ ☐ ☐

Publier dans des groupes pour créer de l'interaction

☐ ☐ ☐ ☐ ☐ ☐ ☐

Envoyer des messages spontanés pour l'activité

☐ ☐ ☐ ☐ ☐ ☐ ☐

Envoyer des messages spontanés pour faire connaissance

☐ ☐ ☐ ☐ ☐ ☐ ☐

Relancer les prospects (récents, anciens, liste...)

☐ ☐ ☐ ☐ ☐ ☐ ☐

PLANIFICATION DE MES POST

Lundi	Mardi	Mercredi	Jeudi	Vendredi	Samedi	Dimanche

Live de la semaine ....

Réunions auxquelles j'assiste

Date .... Thème ....

Date .... Thème ....

Date .... Thème ....

Date .... Thème ....

Date .... Thème ....

Nb de ventes de la semaine ☐ Nb de parrainages de la semaine ☐

Suivi clients ☐ Suivi partenaires ☐ Suivi prospects ☐

Objectifs de la semaine atteints ☐ Satisfait de ma semaine ☆☆☆☆☆

A améliorer ....

....

....

....

ROUTINE PERSO

Méditation

☐ ☐ ☐ ☐ ☐ ☐ ☐

Lecture

☐ ☐ ☐ ☐ ☐ ☐ ☐

Ecriture

☐ ☐ ☐ ☐ ☐ ☐ ☐

Sport

☐ ☐ ☐ ☐ ☐ ☐ ☐

Autre ....

☐ ☐ ☐ ☐ ☐ ☐ ☐

SEMAINE DU AU

Objectifs de la semaine

1. ....

2. ....

3. ....

MES ACTIONS RÉSEAUX SOCIAUX SUR LA SEMAINE

Poster sur Instagram, Facebook, Snap...

☐ ☐ ☐ ☐ ☐ ☐ ☐

Poster en story au moins 3x/ jours

☐ ☐ ☐ ☐ ☐ ☐ ☐

S'abonner à 10 comptes Instagram

☐ ☐ ☐ ☐ ☐ ☐ ☐

Envoyer des messages à mes nouveaux abonnés

☐ ☐ ☐ ☐ ☐ ☐ ☐

Interagir avec 10 comptes Instagram sans s'abonner

☐ ☐ ☐ ☐ ☐ ☐ ☐

Faire un post et/ou une story sponsorisés

☐ ☐ ☐ ☐ ☐ ☐ ☐

Enlever mes abonnés fantômes

☐ ☐ ☐ ☐ ☐ ☐ ☐

Enlever mes abonnements inutiles

☐ ☐ ☐ ☐ ☐ ☐ ☐

Faire 10 demandes d'amis sur Facebook

☐ ☐ ☐ ☐ ☐ ☐ ☐

Envoyer des messages à mes nouveaux amis

☐ ☐ ☐ ☐ ☐ ☐ ☐

Souhaiter les anniversaires

☐ ☐ ☐ ☐ ☐ ☐ ☐

Liker et commenter les post de mes nouveaux amis

☐ ☐ ☐ ☐ ☐ ☐ ☐

Liker et commenter 5 publications dans des groupes

☐ ☐ ☐ ☐ ☐ ☐ ☐

Publier dans des groupes pour créer de l'interaction

☐ ☐ ☐ ☐ ☐ ☐ ☐

Envoyer des messages spontanés pour l'activité

☐ ☐ ☐ ☐ ☐ ☐ ☐

Envoyer des messages spontanés pour faire connaissance

☐ ☐ ☐ ☐ ☐ ☐ ☐

Relancer les prospects (récents, anciens, liste...)

☐ ☐ ☐ ☐ ☐ ☐ ☐

PLANIFICATION DE MES POST

Lundi	Mardi	Mercredi	Jeudi	Vendredi	Samedi	Dimanche

Live de la semaine ....

Réunions auxquelles j'assiste

Date .... Thème ....
Date .... Thème ....
Date .... Thème ....
Date .... Thème ....
Date .... Thème ....

Nb de ventes de la semaine ☐ Nb de parrainages de la semaine ☐

Suivi clients ☐ Suivi partenaires ☐ Suivi prospects ☐

Objectifs de la semaine atteints ☐ Satisfait de ma semaine ☆☆☆☆☆

A améliorer ....
....
....
....

ROUTINE PERSO

Méditation
☐ ☐ ☐ ☐ ☐ ☐ ☐

Lecture
☐ ☐ ☐ ☐ ☐ ☐ ☐

Ecriture
☐ ☐ ☐ ☐ ☐ ☐ ☐

Sport
☐ ☐ ☐ ☐ ☐ ☐ ☐

Autre ....
☐ ☐ ☐ ☐ ☐ ☐ ☐

SEMAINE DU ____ AU ____

Objectifs de la semaine

1. ....

2. ....

3. ....

MES ACTIONS RÉSEAUX SOCIAUX SUR LA SEMAINE

Poster sur Instagram. Facebook. Snap...

☐ ☐ ☐ ☐ ☐ ☐ ☐

Poster en story au moins 3x/ jours

☐ ☐ ☐ ☐ ☐ ☐ ☐

S'abonner à 10 comptes Instagram

☐ ☐ ☐ ☐ ☐ ☐ ☐

Envoyer des messages à mes nouveaux abonnés

☐ ☐ ☐ ☐ ☐ ☐ ☐

Interagir avec 10 comptes Instagram sans s'abonner

☐ ☐ ☐ ☐ ☐ ☐ ☐

Faire un post et/ou une story sponsorisés

☐ ☐ ☐ ☐ ☐ ☐ ☐

Enlever mes abonnés fantômes

☐ ☐ ☐ ☐ ☐ ☐ ☐

Enlever mes abonnements inutiles

☐ ☐ ☐ ☐ ☐ ☐ ☐

Faire 10 demandes d'amis sur Facebook

☐ ☐ ☐ ☐ ☐ ☐ ☐

Envoyer des messages à mes nouveaux amis

☐ ☐ ☐ ☐ ☐ ☐ ☐

Souhaiter les anniversaires

☐ ☐ ☐ ☐ ☐ ☐ ☐

Liker et commenter les post de mes nouveaux amis

☐ ☐ ☐ ☐ ☐ ☐ ☐

Liker et commenter 5 publications dans des groupes

☐ ☐ ☐ ☐ ☐ ☐ ☐

Publier dans des groupes pour créer de l'interaction

☐ ☐ ☐ ☐ ☐ ☐ ☐

Envoyer des messages spontanés pour l'activité

☐ ☐ ☐ ☐ ☐ ☐ ☐

Envoyer des messages spontanés pour faire connaissance

☐ ☐ ☐ ☐ ☐ ☐ ☐

Relancer les prospects (récents. anciens. liste...)

☐ ☐ ☐ ☐ ☐ ☐ ☐

PLANIFICATION DE MES POST

Lundi	Mardi	Mercredi	Jeudi	Vendredi	Samedi	Dimanche

LIVE

Live de la semaine ....

Réunions auxquelles j'assiste

Date .... Thème ....

Date .... Thème ....

Date .... Thème ....

Date .... Thème ....

Date .... Thème ....

Nb de ventes de la semaine ☐ Nb de parrainages de la semaine ☐

Suivi clients ☐ Suivi partenaires ☐ Suivi prospects ☐

Objectifs de la semaine atteints ☐ Satisfait de ma semaine ☆☆☆☆☆

A améliorer ....

....

....

....

ROUTINE PERSO

Méditation

☐ ☐ ☐ ☐ ☐ ☐ ☐

Lecture

☐ ☐ ☐ ☐ ☐ ☐ ☐

Ecriture

☐ ☐ ☐ ☐ ☐ ☐ ☐

Sport

☐ ☐ ☐ ☐ ☐ ☐ ☐

Autre ....

☐ ☐ ☐ ☐ ☐ ☐ ☐

SEMAINE DU AU

Objectifs de la semaine

1. ....

2. ....

3. ....

MES ACTIONS RÉSEAUX SOCIAUX SUR LA SEMAINE

Poster sur Instagram, Facebook, Snap...

☐ ☐ ☐ ☐ ☐ ☐ ☐

Poster en story au moins 3x/ jours

☐ ☐ ☐ ☐ ☐ ☐ ☐

S'abonner à 10 comptes Instagram

☐ ☐ ☐ ☐ ☐ ☐ ☐

Envoyer des messages à mes nouveaux abonnés

☐ ☐ ☐ ☐ ☐ ☐ ☐

Interagir avec 10 comptes Instagram sans s'abonner

☐ ☐ ☐ ☐ ☐ ☐ ☐

Faire un post et/ou une story sponsorisés

☐ ☐ ☐ ☐ ☐ ☐ ☐

Enlever mes abonnés fantômes

☐ ☐ ☐ ☐ ☐ ☐ ☐

Enlever mes abonnements inutiles

☐ ☐ ☐ ☐ ☐ ☐ ☐

Faire 10 demandes d'amis sur Facebook

☐ ☐ ☐ ☐ ☐ ☐ ☐

Envoyer des messages à mes nouveaux amis

☐ ☐ ☐ ☐ ☐ ☐ ☐

Souhaiter les anniversaires

☐ ☐ ☐ ☐ ☐ ☐ ☐

Liker et commenter les post de mes nouveaux amis

☐ ☐ ☐ ☐ ☐ ☐ ☐

Liker et commenter 5 publications dans des groupes

☐ ☐ ☐ ☐ ☐ ☐ ☐

Publier dans des groupes pour créer de l'interaction

☐ ☐ ☐ ☐ ☐ ☐ ☐

Envoyer des messages spontanés pour l'activité

☐ ☐ ☐ ☐ ☐ ☐ ☐

Envoyer des messages spontanés pour faire connaissance

☐ ☐ ☐ ☐ ☐ ☐ ☐

Relancer les prospects (récents, anciens, liste...)

☐ ☐ ☐ ☐ ☐ ☐ ☐

PLANIFICATION DE MES POST

Lundi	Mardi	Mercredi	Jeudi	Vendredi	Samedi	Dimanche

Live de la semaine ....

Réunions auxquelles j'assiste

Date .... Thème ....

Date .... Thème ....

Date .... Thème ....

Date .... Thème ....

Date .... Thème ....

Nb de ventes de la semaine ☐ Nb de parrainages de la semaine ☐

Suivi clients ☐ Suivi partenaires ☐ Suivi prospects ☐

Objectifs de la semaine atteints ☐ Satisfait de ma semaine ☆☆☆☆☆

A améliorer ....

....

....

....

ROUTINE PERSO

Méditation

☐ ☐ ☐ ☐ ☐ ☐ ☐

Lecture

☐ ☐ ☐ ☐ ☐ ☐ ☐

Ecriture

☐ ☐ ☐ ☐ ☐ ☐ ☐

Sport

☐ ☐ ☐ ☐ ☐ ☐ ☐

Autre ....

☐ ☐ ☐ ☐ ☐ ☐ ☐

SEMAINE DU AU

Objectifs de la semaine

1. ....

2. ....

3. ....

MES ACTIONS RÉSEAUX SOCIAUX SUR LA SEMAINE

Poster sur Instagram. Facebook. Snap...

☐ ☐ ☐ ☐ ☐ ☐ ☐

Poster en story au moins 3x/ jours

☐ ☐ ☐ ☐ ☐ ☐ ☐

S'abonner à 10 comptes Instagram

☐ ☐ ☐ ☐ ☐ ☐ ☐

Envoyer des messages à mes nouveaux abonnés

☐ ☐ ☐ ☐ ☐ ☐ ☐

Interagir avec 10 comptes Instagram sans s'abonner

☐ ☐ ☐ ☐ ☐ ☐ ☐

Faire un post et/ou une story sponsorisés

☐ ☐ ☐ ☐ ☐ ☐ ☐

Enlever mes abonnés fantômes

☐ ☐ ☐ ☐ ☐ ☐ ☐

Enlever mes abonnements inutiles

☐ ☐ ☐ ☐ ☐ ☐ ☐

Faire 10 demandes d'amis sur Facebook

☐ ☐ ☐ ☐ ☐ ☐ ☐

Envoyer des messages à mes nouveaux amis

☐ ☐ ☐ ☐ ☐ ☐ ☐

Souhaiter les anniversaires

☐ ☐ ☐ ☐ ☐ ☐ ☐

Liker et commenter les post de mes nouveaux amis

☐ ☐ ☐ ☐ ☐ ☐ ☐

Liker et commenter 5 publications dans des groupes

☐ ☐ ☐ ☐ ☐ ☐ ☐

Publier dans des groupes pour créer de l'interaction

☐ ☐ ☐ ☐ ☐ ☐ ☐

Envoyer des messages spontanés pour l'activité

☐ ☐ ☐ ☐ ☐ ☐ ☐

Envoyer des messages spontanés pour faire connaissance

☐ ☐ ☐ ☐ ☐ ☐ ☐

Relancer les prospects (récents. anciens. liste...)

☐ ☐ ☐ ☐ ☐ ☐ ☐

PLANIFICATION DE MES POST

Lundi	Mardi	Mercredi	Jeudi	Vendredi	Samedi	Dimanche

LIVE

Live de la semaine ....

Réunions auxquelles j'assiste

Date .... Thème ....

Date .... Thème ....

Date .... Thème ....

Date .... Thème ....

Date .... Thème ....

Nb de ventes de la semaine ☐ Nb de parrainages de la semaine ☐

Suivi clients ☐ Suivi partenaires ☐ Suivi prospects ☐

Objectifs de la semaine atteints ☐ Satisfait de ma semaine ☆☆☆☆☆

A améliorer ....

....

....

....

ROUTINE PERSO

Méditation

☐ ☐ ☐ ☐ ☐ ☐ ☐

Lecture

☐ ☐ ☐ ☐ ☐ ☐ ☐

Ecriture

☐ ☐ ☐ ☐ ☐ ☐ ☐

Sport

☐ ☐ ☐ ☐ ☐ ☐ ☐

Autre ....

☐ ☐ ☐ ☐ ☐ ☐ ☐

SEMAINE DU AU

Objectifs de la semaine

1. ....

2. ....

3. ....

MES ACTIONS RÉSEAUX SOCIAUX SUR LA SEMAINE

Poster sur Instagram, Facebook, Snap...

☐ ☐ ☐ ☐ ☐ ☐ ☐

Poster en story au moins 3x/ jours

☐ ☐ ☐ ☐ ☐ ☐ ☐

S'abonner à 10 comptes Instagram

☐ ☐ ☐ ☐ ☐ ☐ ☐

Envoyer des messages à mes nouveaux abonnés

☐ ☐ ☐ ☐ ☐ ☐ ☐

Interagir avec 10 comptes Instagram sans s'abonner

☐ ☐ ☐ ☐ ☐ ☐ ☐

Faire un post et/ou une story sponsorisés

☐ ☐ ☐ ☐ ☐ ☐ ☐

Enlever mes abonnés fantômes

☐ ☐ ☐ ☐ ☐ ☐ ☐

Enlever mes abonnements inutiles

☐ ☐ ☐ ☐ ☐ ☐ ☐

Faire 10 demandes d'amis sur Facebook

☐ ☐ ☐ ☐ ☐ ☐ ☐

Envoyer des messages à mes nouveaux amis

☐ ☐ ☐ ☐ ☐ ☐ ☐

Souhaiter les anniversaires

☐ ☐ ☐ ☐ ☐ ☐ ☐

Liker et commenter les post de mes nouveaux amis

☐ ☐ ☐ ☐ ☐ ☐ ☐

Liker et commenter 5 publications dans des groupes

☐ ☐ ☐ ☐ ☐ ☐ ☐

Publier dans des groupes pour créer de l'interaction

☐ ☐ ☐ ☐ ☐ ☐ ☐

Envoyer des messages spontanés pour l'activité

☐ ☐ ☐ ☐ ☐ ☐ ☐

Envoyer des messages spontanés pour faire connaissance

☐ ☐ ☐ ☐ ☐ ☐ ☐

Relancer les prospects (récents, anciens, liste...)

☐ ☐ ☐ ☐ ☐ ☐ ☐

PLANIFICATION DE MES POST

Lundi	Mardi	Mercredi	Jeudi	Vendredi	Samedi	Dimanche

Live de la semaine ....

Réunions auxquelles j'assiste

Date .... Thème ....

Date .... Thème ....

Date .... Thème ....

Date .... Thème ....

Date .... Thème ....

Nb de ventes de la semaine ☐ Nb de parrainages de la semaine ☐

Suivi clients ☐ Suivi partenaires ☐ Suivi prospects ☐

Objectifs de la semaine atteints ☐ Satisfait de ma semaine ☆☆☆☆☆

A améliorer ....

....

....

....

ROUTINE PERSO

Méditation

☐ ☐ ☐ ☐ ☐ ☐ ☐

Lecture

☐ ☐ ☐ ☐ ☐ ☐ ☐

Ecriture

☐ ☐ ☐ ☐ ☐ ☐ ☐

Sport

☐ ☐ ☐ ☐ ☐ ☐ ☐

Autre ....

☐ ☐ ☐ ☐ ☐ ☐ ☐

SEMAINE DU AU

Objectifs de la semaine

1. ....

2. ....

3. ....

MES ACTIONS RÉSEAUX SOCIAUX SUR LA SEMAINE

Poster sur Instagram. Facebook. Snap...

☐ ☐ ☐ ☐ ☐ ☐ ☐

Poster en story au moins 3x/ jours

☐ ☐ ☐ ☐ ☐ ☐ ☐

S'abonner à 10 comptes Instagram

☐ ☐ ☐ ☐ ☐ ☐ ☐

Envoyer des messages à mes nouveaux abonnés

☐ ☐ ☐ ☐ ☐ ☐ ☐

Interagir avec 10 comptes Instagram sans s'abonner

☐ ☐ ☐ ☐ ☐ ☐ ☐

Faire un post et/ou une story sponsorisés

☐ ☐ ☐ ☐ ☐ ☐ ☐

Enlever mes abonnés fantômes

☐ ☐ ☐ ☐ ☐ ☐ ☐

Enlever mes abonnements inutiles

☐ ☐ ☐ ☐ ☐ ☐ ☐

Faire 10 demandes d'amis sur Facebook

☐ ☐ ☐ ☐ ☐ ☐ ☐

Envoyer des messages à mes nouveaux amis

☐ ☐ ☐ ☐ ☐ ☐ ☐

Souhaiter les anniversaires

☐ ☐ ☐ ☐ ☐ ☐ ☐

Liker et commenter les post de mes nouveaux amis

☐ ☐ ☐ ☐ ☐ ☐ ☐

Liker et commenter 5 publications dans des groupes

☐ ☐ ☐ ☐ ☐ ☐ ☐

Publier dans des groupes pour créer de l'interaction

☐ ☐ ☐ ☐ ☐ ☐ ☐

Envoyer des messages spontanés pour l'activité

☐ ☐ ☐ ☐ ☐ ☐ ☐

Envoyer des messages spontanés pour faire connaissance

☐ ☐ ☐ ☐ ☐ ☐ ☐

Relancer les prospects (récents. anciens. liste...)

☐ ☐ ☐ ☐ ☐ ☐ ☐

PLANIFICATION DE MES POST

Lundi	Mardi	Mercredi	Jeudi	Vendredi	Samedi	Dimanche

Live de la semaine ....

Réunions auxquelles j'assiste

Date .... Thème ....

Date .... Thème ....

Date .... Thème ....

Date .... Thème ....

Date .... Thème ....

Nb de ventes de la semaine ☐ Nb de parrainages de la semaine ☐

Suivi clients ☐ Suivi partenaires ☐ Suivi prospects ☐

Objectifs de la semaine atteints ☐ Satisfait de ma semaine ☆☆☆☆☆

A améliorer ....

....

....

....

ROUTINE PERSO

Méditation

☐ ☐ ☐ ☐ ☐ ☐ ☐

Lecture

☐ ☐ ☐ ☐ ☐ ☐ ☐

Ecriture

☐ ☐ ☐ ☐ ☐ ☐ ☐

Sport

☐ ☐ ☐ ☐ ☐ ☐ ☐

Autre ....

☐ ☐ ☐ ☐ ☐ ☐ ☐

SEMAINE DU AU

Objectifs de la semaine

1. ....

2. ....

3. ....

MES ACTIONS RÉSEAUX SOCIAUX SUR LA SEMAINE

Poster sur Instagram. Facebook. Snap...

☐ ☐ ☐ ☐ ☐ ☐ ☐

Poster en story au moins 3x/ jours

☐ ☐ ☐ ☐ ☐ ☐ ☐

S'abonner à 10 comptes Instagram

☐ ☐ ☐ ☐ ☐ ☐ ☐

Envoyer des messages à mes nouveaux abonnés

☐ ☐ ☐ ☐ ☐ ☐ ☐

Interagir avec 10 comptes Instagram sans s'abonner

☐ ☐ ☐ ☐ ☐ ☐ ☐

Faire un post et/ou une story sponsorisés

☐ ☐ ☐ ☐ ☐ ☐ ☐

Enlever mes abonnés fantômes

☐ ☐ ☐ ☐ ☐ ☐ ☐

Enlever mes abonnements inutiles

☐ ☐ ☐ ☐ ☐ ☐ ☐

Faire 10 demandes d'amis sur Facebook

☐ ☐ ☐ ☐ ☐ ☐ ☐

Envoyer des messages à mes nouveaux amis

☐ ☐ ☐ ☐ ☐ ☐ ☐

Souhaiter les anniversaires

☐ ☐ ☐ ☐ ☐ ☐ ☐

Liker et commenter les post de mes nouveaux amis

☐ ☐ ☐ ☐ ☐ ☐ ☐

Liker et commenter 5 publications dans des groupes

☐ ☐ ☐ ☐ ☐ ☐ ☐

Publier dans des groupes pour créer de l'interaction

☐ ☐ ☐ ☐ ☐ ☐ ☐

Envoyer des messages spontanés pour l'activité

☐ ☐ ☐ ☐ ☐ ☐ ☐

Envoyer des messages spontanés pour faire connaissance

☐ ☐ ☐ ☐ ☐ ☐ ☐

Relancer les prospects (récents. anciens. liste...)

☐ ☐ ☐ ☐ ☐ ☐ ☐

PLANIFICATION DE MES POST

Lundi	Mardi	Mercredi	Jeudi	Vendredi	Samedi	Dimanche

Live de la semaine ....

Réunions auxquelles j'assiste

Date .... Thème ....

Date .... Thème ....

Date .... Thème ....

Date .... Thème ....

Date .... Thème ....

Nb de ventes de la semaine ☐ Nb de parrainages de la semaine ☐

Suivi clients ☐ Suivi partenaires ☐ Suivi prospects ☐

Objectifs de la semaine atteints ☐ Satisfait de ma semaine ☆☆☆☆☆

A améliorer ....

....

....

....

ROUTINE PERSO

Méditation

☐ ☐ ☐ ☐ ☐ ☐ ☐

Lecture

☐ ☐ ☐ ☐ ☐ ☐ ☐

Ecriture

☐ ☐ ☐ ☐ ☐ ☐ ☐

Sport

☐ ☐ ☐ ☐ ☐ ☐ ☐

Autre ....

☐ ☐ ☐ ☐ ☐ ☐ ☐

SEMAINE DU AU

Objectifs de la semaine

1. ....

2. ....

3. ....

MES ACTIONS RÉSEAUX SOCIAUX SUR LA SEMAINE

Poster sur Instagram. Facebook. Snap...

☐ ☐ ☐ ☐ ☐ ☐ ☐

Poster en story au moins 3x/ jours

☐ ☐ ☐ ☐ ☐ ☐ ☐

S'abonner à 10 comptes Instagram

☐ ☐ ☐ ☐ ☐ ☐ ☐

Envoyer des messages à mes nouveaux abonnés

☐ ☐ ☐ ☐ ☐ ☐ ☐

Interagir avec 10 comptes Instagram sans s'abonner

☐ ☐ ☐ ☐ ☐ ☐ ☐

Faire un post et/ou une story sponsorisés

☐ ☐ ☐ ☐ ☐ ☐ ☐

Enlever mes abonnés fantômes

☐ ☐ ☐ ☐ ☐ ☐ ☐

Enlever mes abonnements inutiles

☐ ☐ ☐ ☐ ☐ ☐ ☐

Faire 10 demandes d'amis sur Facebook

☐ ☐ ☐ ☐ ☐ ☐ ☐

Envoyer des messages à mes nouveaux amis

☐ ☐ ☐ ☐ ☐ ☐ ☐

Souhaiter les anniversaires

☐ ☐ ☐ ☐ ☐ ☐ ☐

Liker et commenter les post de mes nouveaux amis

☐ ☐ ☐ ☐ ☐ ☐ ☐

Liker et commenter 5 publications dans des groupes

☐ ☐ ☐ ☐ ☐ ☐ ☐

Publier dans des groupes pour créer de l'interaction

☐ ☐ ☐ ☐ ☐ ☐ ☐

Envoyer des messages spontanés pour l'activité

☐ ☐ ☐ ☐ ☐ ☐ ☐

Envoyer des messages spontanés pour faire connaissance

☐ ☐ ☐ ☐ ☐ ☐ ☐

Relancer les prospects (récents. anciens. liste...)

☐ ☐ ☐ ☐ ☐ ☐ ☐

PLANIFICATION DE MES POST

Lundi	Mardi	Mercredi	Jeudi	Vendredi	Samedi	Dimanche

LIVE

Live de la semaine ....

Réunions auxquelles j'assiste

Date .... Thème ....

Date .... Thème ....

Date .... Thème ....

Date .... Thème ....

Date .... Thème ....

Nb de ventes de la semaine ☐ Nb de parrainages de la semaine ☐

Suivi clients ☐ Suivi partenaires ☐ Suivi prospects ☐

Objectifs de la semaine atteints ☐ Satisfait de ma semaine ☆☆☆☆☆

A améliorer ....

....

....

....

ROUTINE PERSO

Méditation

☐ ☐ ☐ ☐ ☐ ☐ ☐

Lecture

☐ ☐ ☐ ☐ ☐ ☐ ☐

Ecriture

☐ ☐ ☐ ☐ ☐ ☐ ☐

Sport

☐ ☐ ☐ ☐ ☐ ☐ ☐

Autre ....

☐ ☐ ☐ ☐ ☐ ☐ ☐

SEMAINE DU AU

Objectifs de la semaine

1. ....

2. ....

3. ....

MES ACTIONS RÉSEAUX SOCIAUX SUR LA SEMAINE

Poster sur Instagram. Facebook. Snap...

☐ ☐ ☐ ☐ ☐ ☐ ☐

Poster en story au moins 3x/ jours

☐ ☐ ☐ ☐ ☐ ☐ ☐

S'abonner à 10 comptes Instagram

☐ ☐ ☐ ☐ ☐ ☐ ☐

Envoyer des messages à mes nouveaux abonnés

☐ ☐ ☐ ☐ ☐ ☐ ☐

Interagir avec 10 comptes Instagram sans s'abonner

☐ ☐ ☐ ☐ ☐ ☐ ☐

Faire un post et/ou une story sponsorisés

☐ ☐ ☐ ☐ ☐ ☐ ☐

Enlever mes abonnés fantômes

☐ ☐ ☐ ☐ ☐ ☐ ☐

Enlever mes abonnements inutiles

☐ ☐ ☐ ☐ ☐ ☐ ☐

Faire 10 demandes d'amis sur Facebook

☐ ☐ ☐ ☐ ☐ ☐ ☐

Envoyer des messages à mes nouveaux amis

☐ ☐ ☐ ☐ ☐ ☐ ☐

Souhaiter les anniversaires

☐ ☐ ☐ ☐ ☐ ☐ ☐

Liker et commenter les post de mes nouveaux amis

☐ ☐ ☐ ☐ ☐ ☐ ☐

Liker et commenter 5 publications dans des groupes

☐ ☐ ☐ ☐ ☐ ☐ ☐

Publier dans des groupes pour créer de l'interaction

☐ ☐ ☐ ☐ ☐ ☐ ☐

Envoyer des messages spontanés pour l'activité

☐ ☐ ☐ ☐ ☐ ☐ ☐

Envoyer des messages spontanés pour faire connaissance

☐ ☐ ☐ ☐ ☐ ☐ ☐

Relancer les prospects (récents. anciens. liste...)

☐ ☐ ☐ ☐ ☐ ☐ ☐

PLANIFICATION DE MES POST

Lundi	Mardi	Mercredi	Jeudi	Vendredi	Samedi	Dimanche

LIVE

Live de la semaine ....

Réunions auxquelles j'assiste

Date .... Thème ....

Date .... Thème ....

Date .... Thème ....

Date .... Thème ....

Date .... Thème ....

Nb de ventes de la semaine ☐ Nb de parrainages de la semaine ☐

Suivi clients ☐ Suivi partenaires ☐ Suivi prospects ☐

Objectifs de la semaine atteints ☐ Satisfait de ma semaine ☆☆☆☆☆

A améliorer ....

....

....

....

ROUTINE PERSO

Méditation

☐ ☐ ☐ ☐ ☐ ☐ ☐

Lecture

☐ ☐ ☐ ☐ ☐ ☐ ☐

Ecriture

☐ ☐ ☐ ☐ ☐ ☐ ☐

Sport

☐ ☐ ☐ ☐ ☐ ☐ ☐

Autre ....

☐ ☐ ☐ ☐ ☐ ☐ ☐

SEMAINE DU AU

Objectifs de la semaine

1. ....

2. ....

3. ....

MES ACTIONS RÉSEAUX SOCIAUX SUR LA SEMAINE

Poster sur Instagram, Facebook, Snap...

☐ ☐ ☐ ☐ ☐ ☐ ☐

Poster en story au moins 3x/ jours

☐ ☐ ☐ ☐ ☐ ☐ ☐

S'abonner à 10 comptes Instagram

☐ ☐ ☐ ☐ ☐ ☐ ☐

Envoyer des messages à mes nouveaux abonnés

☐ ☐ ☐ ☐ ☐ ☐ ☐

Interagir avec 10 comptes Instagram sans s'abonner

☐ ☐ ☐ ☐ ☐ ☐ ☐

Faire un post et/ou une story sponsorisés

☐ ☐ ☐ ☐ ☐ ☐ ☐

Enlever mes abonnés fantômes

☐ ☐ ☐ ☐ ☐ ☐ ☐

Enlever mes abonnements inutiles

☐ ☐ ☐ ☐ ☐ ☐ ☐

Faire 10 demandes d'amis sur Facebook

☐ ☐ ☐ ☐ ☐ ☐ ☐

Envoyer des messages à mes nouveaux amis

☐ ☐ ☐ ☐ ☐ ☐ ☐

Souhaiter les anniversaires

☐ ☐ ☐ ☐ ☐ ☐ ☐

Liker et commenter les post de mes nouveaux amis

☐ ☐ ☐ ☐ ☐ ☐ ☐

Liker et commenter 5 publications dans des groupes

☐ ☐ ☐ ☐ ☐ ☐ ☐

Publier dans des groupes pour créer de l'interaction

☐ ☐ ☐ ☐ ☐ ☐ ☐

Envoyer des messages spontanés pour l'activité

☐ ☐ ☐ ☐ ☐ ☐ ☐

Envoyer des messages spontanés pour faire connaissance

☐ ☐ ☐ ☐ ☐ ☐ ☐

Relancer les prospects (récents, anciens, liste...)

☐ ☐ ☐ ☐ ☐ ☐ ☐

PLANIFICATION DE MES POST

Lundi	Mardi	Mercredi	Jeudi	Vendredi	Samedi	Dimanche

Live de la semaine ....

Réunions auxquelles j'assiste

Date .... Thème ....

Date .... Thème ....

Date .... Thème ....

Date .... Thème ....

Date .... Thème ....

Nb de ventes de la semaine ☐ Nb de parrainages de la semaine ☐

Suivi clients ☐ Suivi partenaires ☐ Suivi prospects ☐

Objectifs de la semaine atteints ☐ Satisfait de ma semaine ☆☆☆☆☆

A améliorer ....

....

....

....

ROUTINE PERSO

Méditation

☐ ☐ ☐ ☐ ☐ ☐ ☐

Lecture

☐ ☐ ☐ ☐ ☐ ☐ ☐

Ecriture

☐ ☐ ☐ ☐ ☐ ☐ ☐

Sport

☐ ☐ ☐ ☐ ☐ ☐ ☐

Autre ....

☐ ☐ ☐ ☐ ☐ ☐ ☐

SEMAINE DU AU

Objectifs de la semaine

1. ....
2. ....
3. ....

MES ACTIONS RÉSEAUX SOCIAUX SUR LA SEMAINE

Poster sur Instagram. Facebook. Snap...

☐ ☐ ☐ ☐ ☐ ☐ ☐

Poster en story au moins 3x/ jours

☐ ☐ ☐ ☐ ☐ ☐ ☐

S'abonner à 10 comptes Instagram

☐ ☐ ☐ ☐ ☐ ☐ ☐

Envoyer des messages à mes nouveaux abonnés

☐ ☐ ☐ ☐ ☐ ☐ ☐

Interagir avec 10 comptes Instagram sans s'abonner

☐ ☐ ☐ ☐ ☐ ☐ ☐

Faire un post et/ou une story sponsorisés

☐ ☐ ☐ ☐ ☐ ☐ ☐

Enlever mes abonnés fantômes

☐ ☐ ☐ ☐ ☐ ☐ ☐

Enlever mes abonnements inutiles

☐ ☐ ☐ ☐ ☐ ☐ ☐

Faire 10 demandes d'amis sur Facebook

☐ ☐ ☐ ☐ ☐ ☐ ☐

Envoyer des messages à mes nouveaux amis

☐ ☐ ☐ ☐ ☐ ☐ ☐

Souhaiter les anniversaires

☐ ☐ ☐ ☐ ☐ ☐ ☐

Liker et commenter les post de mes nouveaux amis

☐ ☐ ☐ ☐ ☐ ☐ ☐

Liker et commenter 5 publications dans des groupes

☐ ☐ ☐ ☐ ☐ ☐ ☐

Publier dans des groupes pour créer de l'interaction

☐ ☐ ☐ ☐ ☐ ☐ ☐

Envoyer des messages spontanés pour l'activité

☐ ☐ ☐ ☐ ☐ ☐ ☐

Envoyer des messages spontanés pour faire connaissance

☐ ☐ ☐ ☐ ☐ ☐ ☐

Relancer les prospects (récents. anciens. liste...)

☐ ☐ ☐ ☐ ☐ ☐ ☐

PLANIFICATION DE MES POST

Lundi	Mardi	Mercredi	Jeudi	Vendredi	Samedi	Dimanche

Live de la semaine ....

Réunions auxquelles j'assiste

Date .... Thème ....

Date .... Thème ....

Date .... Thème ....

Date .... Thème ....

Date .... Thème ....

Nb de ventes de la semaine ☐ Nb de parrainages de la semaine ☐

Suivi clients ☐ Suivi partenaires ☐ Suivi prospects ☐

Objectifs de la semaine atteints ☐ Satisfait de ma semaine ☆☆☆☆☆

A améliorer ....

....

....

....

ROUTINE PERSO

Méditation

☐ ☐ ☐ ☐ ☐ ☐ ☐

Lecture

☐ ☐ ☐ ☐ ☐ ☐ ☐

Ecriture

☐ ☐ ☐ ☐ ☐ ☐ ☐

Sport

☐ ☐ ☐ ☐ ☐ ☐ ☐

Autre ....

☐ ☐ ☐ ☐ ☐ ☐ ☐

SEMAINE DU AU

Objectifs de la semaine

1. ....

2. ....

3. ....

MES ACTIONS RÉSEAUX SOCIAUX SUR LA SEMAINE

Poster sur Instagram. Facebook. Snap...

☐ ☐ ☐ ☐ ☐ ☐ ☐

Poster en story au moins 3x/ jours

☐ ☐ ☐ ☐ ☐ ☐ ☐

S'abonner à 10 comptes Instagram

☐ ☐ ☐ ☐ ☐ ☐ ☐

Envoyer des messages à mes nouveaux abonnés

☐ ☐ ☐ ☐ ☐ ☐ ☐

Interagir avec 10 comptes Instagram sans s'abonner

☐ ☐ ☐ ☐ ☐ ☐ ☐

Faire un post et/ou une story sponsorisés

☐ ☐ ☐ ☐ ☐ ☐ ☐

Enlever mes abonnés fantômes

☐ ☐ ☐ ☐ ☐ ☐ ☐

Enlever mes abonnements inutiles

☐ ☐ ☐ ☐ ☐ ☐ ☐

Faire 10 demandes d'amis sur Facebook

☐ ☐ ☐ ☐ ☐ ☐ ☐

Envoyer des messages à mes nouveaux amis

☐ ☐ ☐ ☐ ☐ ☐ ☐

Souhaiter les anniversaires

☐ ☐ ☐ ☐ ☐ ☐ ☐

Liker et commenter les post de mes nouveaux amis

☐ ☐ ☐ ☐ ☐ ☐ ☐

Liker et commenter 5 publications dans des groupes

☐ ☐ ☐ ☐ ☐ ☐ ☐

Publier dans des groupes pour créer de l'interaction

☐ ☐ ☐ ☐ ☐ ☐ ☐

Envoyer des messages spontanés pour l'activité

☐ ☐ ☐ ☐ ☐ ☐ ☐

Envoyer des messages spontanés pour faire connaissance

☐ ☐ ☐ ☐ ☐ ☐ ☐

Relancer les prospects (récents. anciens. liste...)

☐ ☐ ☐ ☐ ☐ ☐ ☐

PLANIFICATION DE MES POST

Lundi	Mardi	Mercredi	Jeudi	Vendredi	Samedi	Dimanche

LIVE

Live de la semaine ....

Réunions auxquelles j'assiste

Date .... Thème ....

Date .... Thème ....

Date .... Thème ....

Date .... Thème ....

Date .... Thème ....

Nb de ventes de la semaine ☐ Nb de parrainages de la semaine ☐

Suivi clients ☐ Suivi partenaires ☐ Suivi prospects ☐

Objectifs de la semaine atteints ☐ Satisfait de ma semaine ☆☆☆☆☆

A améliorer ....

....

....

....

ROUTINE PERSO

Méditation

☐ ☐ ☐ ☐ ☐ ☐ ☐

Lecture

☐ ☐ ☐ ☐ ☐ ☐ ☐

Ecriture

☐ ☐ ☐ ☐ ☐ ☐ ☐

Sport

☐ ☐ ☐ ☐ ☐ ☐ ☐

Autre ....

☐ ☐ ☐ ☐ ☐ ☐ ☐

SEMAINE DU AU

Objectifs de la semaine

1. ....

2. ....

3. ....

MES ACTIONS RÉSEAUX SOCIAUX SUR LA SEMAINE

Poster sur Instagram, Facebook, Snap...

☐ ☐ ☐ ☐ ☐ ☐ ☐

Poster en story au moins 3x/ jours

☐ ☐ ☐ ☐ ☐ ☐ ☐

S'abonner à 10 comptes Instagram

☐ ☐ ☐ ☐ ☐ ☐ ☐

Envoyer des messages à mes nouveaux abonnés

☐ ☐ ☐ ☐ ☐ ☐ ☐

Interagir avec 10 comptes Instagram sans s'abonner

☐ ☐ ☐ ☐ ☐ ☐ ☐

Faire un post et/ou une story sponsorisés

☐ ☐ ☐ ☐ ☐ ☐ ☐

Enlever mes abonnés fantômes

☐ ☐ ☐ ☐ ☐ ☐ ☐

Enlever mes abonnements inutiles

☐ ☐ ☐ ☐ ☐ ☐ ☐

Faire 10 demandes d'amis sur Facebook

☐ ☐ ☐ ☐ ☐ ☐ ☐

Envoyer des messages à mes nouveaux amis

☐ ☐ ☐ ☐ ☐ ☐ ☐

Souhaiter les anniversaires

☐ ☐ ☐ ☐ ☐ ☐ ☐

Liker et commenter les post de mes nouveaux amis

☐ ☐ ☐ ☐ ☐ ☐ ☐

Liker et commenter 5 publications dans des groupes

☐ ☐ ☐ ☐ ☐ ☐ ☐

Publier dans des groupes pour créer de l'interaction

☐ ☐ ☐ ☐ ☐ ☐ ☐

Envoyer des messages spontanés pour l'activité

☐ ☐ ☐ ☐ ☐ ☐ ☐

Envoyer des messages spontanés pour faire connaissance

☐ ☐ ☐ ☐ ☐ ☐ ☐

Relancer les prospects (récents, anciens, liste...)

☐ ☐ ☐ ☐ ☐ ☐ ☐

PLANIFICATION DE MES POST

Lundi	Mardi	Mercredi	Jeudi	Vendredi	Samedi	Dimanche

Live de la semaine ....

Réunions auxquelles j'assiste
Date .... Thème ....
Date .... Thème ....
Date .... Thème ....
Date .... Thème ....
Date .... Thème ....

Nb de ventes de la semaine ☐ Nb de parrainages de la semaine ☐

Suivi clients ☐ Suivi partenaires ☐ Suivi prospects ☐

Objectifs de la semaine atteints ☐ Satisfait de ma semaine ☆☆☆☆☆

A améliorer ....
....
....
....

ROUTINE PERSO

Méditation
☐ ☐ ☐ ☐ ☐ ☐ ☐

Lecture
☐ ☐ ☐ ☐ ☐ ☐ ☐

Ecriture
☐ ☐ ☐ ☐ ☐ ☐ ☐

Sport
☐ ☐ ☐ ☐ ☐ ☐ ☐

Autre ....
☐ ☐ ☐ ☐ ☐ ☐ ☐

SEMAINE DU   AU

Objectifs de la semaine

1. ....

2. ....

3. ....

MES ACTIONS RÉSEAUX SOCIAUX SUR LA SEMAINE

Poster sur Instagram. Facebook. Snap...

☐ ☐ ☐ ☐ ☐ ☐ ☐

Poster en story au moins 3x/ jours

☐ ☐ ☐ ☐ ☐ ☐ ☐

S'abonner à 10 comptes Instagram

☐ ☐ ☐ ☐ ☐ ☐ ☐

Envoyer des messages à mes nouveaux abonnés

☐ ☐ ☐ ☐ ☐ ☐ ☐

Interagir avec 10 comptes Instagram sans s'abonner

☐ ☐ ☐ ☐ ☐ ☐ ☐

Faire un post et/ou une story sponsorisés

☐ ☐ ☐ ☐ ☐ ☐ ☐

Enlever mes abonnés fantômes

☐ ☐ ☐ ☐ ☐ ☐ ☐

Enlever mes abonnements inutiles

☐ ☐ ☐ ☐ ☐ ☐ ☐

Faire 10 demandes d'amis sur Facebook

☐ ☐ ☐ ☐ ☐ ☐ ☐

Envoyer des messages à mes nouveaux amis

☐ ☐ ☐ ☐ ☐ ☐ ☐

Souhaiter les anniversaires

☐ ☐ ☐ ☐ ☐ ☐ ☐

Liker et commenter les post de mes nouveaux amis

☐ ☐ ☐ ☐ ☐ ☐ ☐

Liker et commenter 5 publications dans des groupes

☐ ☐ ☐ ☐ ☐ ☐ ☐

Publier dans des groupes pour créer de l'interaction

☐ ☐ ☐ ☐ ☐ ☐ ☐

Envoyer des messages spontanés pour l'activité

☐ ☐ ☐ ☐ ☐ ☐ ☐

Envoyer des messages spontanés pour faire connaissance

☐ ☐ ☐ ☐ ☐ ☐ ☐

Relancer les prospects (récents. anciens. liste...)

☐ ☐ ☐ ☐ ☐ ☐ ☐

PLANIFICATION DE MES POST

Lundi	Mardi	Mercredi	Jeudi	Vendredi	Samedi	Dimanche

Live de la semaine ....

Réunions auxquelles j'assiste

Date .... Thème ....

Date .... Thème ....

Date .... Thème ....

Date .... Thème ....

Date .... Thème ....

Nb de ventes de la semaine ☐ Nb de parrainages de la semaine ☐

Suivi clients ☐ Suivi partenaires ☐ Suivi prospects ☐

Objectifs de la semaine atteints ☐ Satisfait de ma semaine ☆☆☆☆☆

A améliorer ....

....

....

....

ROUTINE PERSO

Méditation

☐ ☐ ☐ ☐ ☐ ☐ ☐

Lecture

☐ ☐ ☐ ☐ ☐ ☐ ☐

Ecriture

☐ ☐ ☐ ☐ ☐ ☐ ☐

Sport

☐ ☐ ☐ ☐ ☐ ☐ ☐

Autre ....

☐ ☐ ☐ ☐ ☐ ☐ ☐

SEMAINE DU AU

Objectifs de la semaine

1. ....
2. ....
3. ....

MES ACTIONS RÉSEAUX SOCIAUX SUR LA SEMAINE

Poster sur Instagram. Facebook. Snap...

☐ ☐ ☐ ☐ ☐ ☐ ☐

Poster en story au moins 3x/ jours

☐ ☐ ☐ ☐ ☐ ☐ ☐

S'abonner à 10 comptes Instagram

☐ ☐ ☐ ☐ ☐ ☐ ☐

Envoyer des messages à mes nouveaux abonnés

☐ ☐ ☐ ☐ ☐ ☐ ☐

Interagir avec 10 comptes Instagram sans s'abonner

☐ ☐ ☐ ☐ ☐ ☐ ☐

Faire un post et/ou une story sponsorisés

☐ ☐ ☐ ☐ ☐ ☐ ☐

Enlever mes abonnés fantômes

☐ ☐ ☐ ☐ ☐ ☐ ☐

Enlever mes abonnements inutiles

☐ ☐ ☐ ☐ ☐ ☐ ☐

Faire 10 demandes d'amis sur Facebook

☐ ☐ ☐ ☐ ☐ ☐ ☐

Envoyer des messages à mes nouveaux amis

☐ ☐ ☐ ☐ ☐ ☐ ☐

Souhaiter les anniversaires

☐ ☐ ☐ ☐ ☐ ☐ ☐

Liker et commenter les post de mes nouveaux amis

☐ ☐ ☐ ☐ ☐ ☐ ☐

Liker et commenter 5 publications dans des groupes

☐ ☐ ☐ ☐ ☐ ☐ ☐

Publier dans des groupes pour créer de l'interaction

☐ ☐ ☐ ☐ ☐ ☐ ☐

Envoyer des messages spontanés pour l'activité

☐ ☐ ☐ ☐ ☐ ☐ ☐

Envoyer des messages spontanés pour faire connaissance

☐ ☐ ☐ ☐ ☐ ☐ ☐

Relancer les prospects (récents. anciens. liste...)

☐ ☐ ☐ ☐ ☐ ☐ ☐

PLANIFICATION DE MES POST

Lundi	Mardi	Mercredi	Jeudi	Vendredi	Samedi	Dimanche

Live de la semaine ....

Réunions auxquelles j'assiste

Date .... Thème ....

Date .... Thème ....

Date .... Thème ....

Date .... Thème ....

Date .... Thème ....

Nb de ventes de la semaine ☐ Nb de parrainages de la semaine ☐

Suivi clients ☐ Suivi partenaires ☐ Suivi prospects ☐

Objectifs de la semaine atteints ☐ Satisfait de ma semaine ☆☆☆☆☆

A améliorer ....

....

....

....

ROUTINE PERSO

Méditation

☐ ☐ ☐ ☐ ☐ ☐ ☐

Lecture

☐ ☐ ☐ ☐ ☐ ☐ ☐

Ecriture

☐ ☐ ☐ ☐ ☐ ☐ ☐

Sport

☐ ☐ ☐ ☐ ☐ ☐ ☐

Autre ....

☐ ☐ ☐ ☐ ☐ ☐ ☐

SEMAINE DU AU

Objectifs de la semaine

1. ....
2. ....
3. ....

MES ACTIONS RÉSEAUX SOCIAUX SUR LA SEMAINE

Poster sur Instagram. Facebook. Snap...

☐ ☐ ☐ ☐ ☐ ☐ ☐

Poster en story au moins 3x/ jours

☐ ☐ ☐ ☐ ☐ ☐ ☐

S'abonner à 10 comptes Instagram

☐ ☐ ☐ ☐ ☐ ☐ ☐

Envoyer des messages à mes nouveaux abonnés

☐ ☐ ☐ ☐ ☐ ☐ ☐

Interagir avec 10 comptes Instagram sans s'abonner

☐ ☐ ☐ ☐ ☐ ☐ ☐

Faire un post et/ou une story sponsorisés

☐ ☐ ☐ ☐ ☐ ☐ ☐

Enlever mes abonnés fantômes

☐ ☐ ☐ ☐ ☐ ☐ ☐

Enlever mes abonnements inutiles

☐ ☐ ☐ ☐ ☐ ☐ ☐

Faire 10 demandes d'amis sur Facebook

☐ ☐ ☐ ☐ ☐ ☐ ☐

Envoyer des messages à mes nouveaux amis

☐ ☐ ☐ ☐ ☐ ☐ ☐

Souhaiter les anniversaires

☐ ☐ ☐ ☐ ☐ ☐ ☐

Liker et commenter les post de mes nouveaux amis

☐ ☐ ☐ ☐ ☐ ☐ ☐

Liker et commenter 5 publications dans des groupes

☐ ☐ ☐ ☐ ☐ ☐ ☐

Publier dans des groupes pour créer de l'interaction

☐ ☐ ☐ ☐ ☐ ☐ ☐

Envoyer des messages spontanés pour l'activité

☐ ☐ ☐ ☐ ☐ ☐ ☐

Envoyer des messages spontanés pour faire connaissance

☐ ☐ ☐ ☐ ☐ ☐ ☐

Relancer les prospects (récents. anciens. liste...)

☐ ☐ ☐ ☐ ☐ ☐ ☐

PLANIFICATION DE MES POST

Lundi	Mardi	Mercredi	Jeudi	Vendredi	Samedi	Dimanche

Live de la semaine ....

Réunions auxquelles j'assiste

Date .... Thème ....

Date .... Thème ....

Date .... Thème ....

Date .... Thème ....

Date .... Thème ....

Nb de ventes de la semaine ☐ Nb de parrainages de la semaine ☐

Suivi clients ☐ Suivi partenaires ☐ Suivi prospects ☐

Objectifs de la semaine atteints ☐ Satisfait de ma semaine ☆☆☆☆☆

A améliorer ....

....

....

....

ROUTINE PERSO

Méditation

☐ ☐ ☐ ☐ ☐ ☐ ☐

Lecture

☐ ☐ ☐ ☐ ☐ ☐ ☐

Ecriture

☐ ☐ ☐ ☐ ☐ ☐ ☐

Sport

☐ ☐ ☐ ☐ ☐ ☐ ☐

Autre ....

☐ ☐ ☐ ☐ ☐ ☐ ☐

SEMAINE DU AU

Objectifs de la semaine

1. ....

2. ....

3. ....

MES ACTIONS RÉSEAUX SOCIAUX SUR LA SEMAINE

Poster sur Instagram. Facebook. Snap...

☐ ☐ ☐ ☐ ☐ ☐ ☐

Poster en story au moins 3x/ jours

☐ ☐ ☐ ☐ ☐ ☐ ☐

S'abonner à 10 comptes Instagram

☐ ☐ ☐ ☐ ☐ ☐ ☐

Envoyer des messages à mes nouveaux abonnés

☐ ☐ ☐ ☐ ☐ ☐ ☐

Interagir avec 10 comptes Instagram sans s'abonner

☐ ☐ ☐ ☐ ☐ ☐ ☐

Faire un post et/ou une story sponsorisés

☐ ☐ ☐ ☐ ☐ ☐ ☐

Enlever mes abonnés fantômes

☐ ☐ ☐ ☐ ☐ ☐ ☐

Enlever mes abonnements inutiles

☐ ☐ ☐ ☐ ☐ ☐ ☐

Faire 10 demandes d'amis sur Facebook

☐ ☐ ☐ ☐ ☐ ☐ ☐

Envoyer des messages à mes nouveaux amis

☐ ☐ ☐ ☐ ☐ ☐ ☐

Souhaiter les anniversaires

☐ ☐ ☐ ☐ ☐ ☐ ☐

Liker et commenter les post de mes nouveaux amis

☐ ☐ ☐ ☐ ☐ ☐ ☐

Liker et commenter 5 publications dans des groupes

☐ ☐ ☐ ☐ ☐ ☐ ☐

Publier dans des groupes pour créer de l'interaction

☐ ☐ ☐ ☐ ☐ ☐ ☐

Envoyer des messages spontanés pour l'activité

☐ ☐ ☐ ☐ ☐ ☐ ☐

Envoyer des messages spontanés pour faire connaissance

☐ ☐ ☐ ☐ ☐ ☐ ☐

Relancer les prospects (récents. anciens. liste...)

☐ ☐ ☐ ☐ ☐ ☐ ☐

PLANIFICATION DE MES POST

Lundi	Mardi	Mercredi	Jeudi	Vendredi	Samedi	Dimanche

Live de la semaine ....

Réunions auxquelles j'assiste

Date .... Thème ....

Date .... Thème ....

Date .... Thème ....

Date .... Thème ....

Date .... Thème ....

Nb de ventes de la semaine ☐ Nb de parrainages de la semaine ☐

Suivi clients ☐ Suivi partenaires ☐ Suivi prospects ☐

Objectifs de la semaine atteints ☐ Satisfait de ma semaine ☆☆☆☆☆

A améliorer ....

....

....

....

ROUTINE PERSO

Méditation

☐ ☐ ☐ ☐ ☐ ☐ ☐

Lecture

☐ ☐ ☐ ☐ ☐ ☐ ☐

Ecriture

☐ ☐ ☐ ☐ ☐ ☐ ☐

Sport

☐ ☐ ☐ ☐ ☐ ☐ ☐

Autre ....

☐ ☐ ☐ ☐ ☐ ☐ ☐

SEMAINE DU AU

Objectifs de la semaine

1. ....

2. ....

3. ....

MES ACTIONS RÉSEAUX SOCIAUX SUR LA SEMAINE

Poster sur Instagram, Facebook, Snap...

☐ ☐ ☐ ☐ ☐ ☐ ☐

Poster en story au moins 3x/ jours

☐ ☐ ☐ ☐ ☐ ☐ ☐

S'abonner à 10 comptes Instagram

☐ ☐ ☐ ☐ ☐ ☐ ☐

Envoyer des messages à mes nouveaux abonnés

☐ ☐ ☐ ☐ ☐ ☐ ☐

Interagir avec 10 comptes Instagram sans s'abonner

☐ ☐ ☐ ☐ ☐ ☐ ☐

Faire un post et/ou une story sponsorisés

☐ ☐ ☐ ☐ ☐ ☐ ☐

Enlever mes abonnés fantômes

☐ ☐ ☐ ☐ ☐ ☐ ☐

Enlever mes abonnements inutiles

☐ ☐ ☐ ☐ ☐ ☐ ☐

Faire 10 demandes d'amis sur Facebook

☐ ☐ ☐ ☐ ☐ ☐ ☐

Envoyer des messages à mes nouveaux amis

☐ ☐ ☐ ☐ ☐ ☐ ☐

Souhaiter les anniversaires

☐ ☐ ☐ ☐ ☐ ☐ ☐

Liker et commenter les post de mes nouveaux amis

☐ ☐ ☐ ☐ ☐ ☐ ☐

Liker et commenter 5 publications dans des groupes

☐ ☐ ☐ ☐ ☐ ☐ ☐

Publier dans des groupes pour créer de l'interaction

☐ ☐ ☐ ☐ ☐ ☐ ☐

Envoyer des messages spontanés pour l'activité

☐ ☐ ☐ ☐ ☐ ☐ ☐

Envoyer des messages spontanés pour faire connaissance

☐ ☐ ☐ ☐ ☐ ☐ ☐

Relancer les prospects (récents, anciens, liste...)

☐ ☐ ☐ ☐ ☐ ☐ ☐

PLANIFICATION DE MES POST

Lundi	Mardi	Mercredi	Jeudi	Vendredi	Samedi	Dimanche

Live de la semaine ....

Réunions auxquelles j'assiste
Date .... Thème ....
Date .... Thème ....
Date .... Thème ....
Date .... Thème ....
Date .... Thème ....

Nb de ventes de la semaine ☐ Nb de parrainages de la semaine ☐

Suivi clients ☐ Suivi partenaires ☐ Suivi prospects ☐

Objectifs de la semaine atteints ☐ Satisfait de ma semaine ☆☆☆☆☆

A améliorer ....
....
....
....

ROUTINE PERSO

Méditation
☐ ☐ ☐ ☐ ☐ ☐ ☐

Lecture
☐ ☐ ☐ ☐ ☐ ☐ ☐

Ecriture
☐ ☐ ☐ ☐ ☐ ☐ ☐

Sport
☐ ☐ ☐ ☐ ☐ ☐ ☐

Autre ....
☐ ☐ ☐ ☐ ☐ ☐ ☐

SEMAINE DU AU

Objectifs de la semaine

1. ....

2. ....

3. ....

MES ACTIONS RÉSEAUX SOCIAUX SUR LA SEMAINE

Poster sur Instagram. Facebook. Snap...

☐ ☐ ☐ ☐ ☐ ☐ ☐

Poster en story au moins 3x/ jours

☐ ☐ ☐ ☐ ☐ ☐ ☐

S'abonner à 10 comptes Instagram

☐ ☐ ☐ ☐ ☐ ☐ ☐

Envoyer des messages à mes nouveaux abonnés

☐ ☐ ☐ ☐ ☐ ☐ ☐

Interagir avec 10 comptes Instagram sans s'abonner

☐ ☐ ☐ ☐ ☐ ☐ ☐

Faire un post et/ou une story sponsorisés

☐ ☐ ☐ ☐ ☐ ☐ ☐

Enlever mes abonnés fantômes

☐ ☐ ☐ ☐ ☐ ☐ ☐

Enlever mes abonnements inutiles

☐ ☐ ☐ ☐ ☐ ☐ ☐

Faire 10 demandes d'amis sur Facebook

☐ ☐ ☐ ☐ ☐ ☐ ☐

Envoyer des messages à mes nouveaux amis

☐ ☐ ☐ ☐ ☐ ☐ ☐

Souhaiter les anniversaires

☐ ☐ ☐ ☐ ☐ ☐ ☐

Liker et commenter les post de mes nouveaux amis

☐ ☐ ☐ ☐ ☐ ☐ ☐

Liker et commenter 5 publications dans des groupes

☐ ☐ ☐ ☐ ☐ ☐ ☐

Publier dans des groupes pour créer de l'interaction

☐ ☐ ☐ ☐ ☐ ☐ ☐

Envoyer des messages spontanés pour l'activité

☐ ☐ ☐ ☐ ☐ ☐ ☐

Envoyer des messages spontanés pour faire connaissance

☐ ☐ ☐ ☐ ☐ ☐ ☐

Relancer les prospects (récents. anciens. liste...)

☐ ☐ ☐ ☐ ☐ ☐ ☐

PLANIFICATION DE MES POST

Lundi	Mardi	Mercredi	Jeudi	Vendredi	Samedi	Dimanche

Live de la semaine ....

Réunions auxquelles j'assiste

Date .... Thème ....

Date .... Thème ....

Date .... Thème ....

Date .... Thème ....

Date .... Thème ....

Nb de ventes de la semaine ☐ Nb de parrainages de la semaine ☐

Suivi clients ☐ Suivi partenaires ☐ Suivi prospects ☐

Objectifs de la semaine atteints ☐ Satisfait de ma semaine ☆☆☆☆☆

A améliorer ....

....

....

....

ROUTINE PERSO

Méditation

☐ ☐ ☐ ☐ ☐ ☐ ☐

Lecture

☐ ☐ ☐ ☐ ☐ ☐ ☐

Ecriture

☐ ☐ ☐ ☐ ☐ ☐ ☐

Sport

☐ ☐ ☐ ☐ ☐ ☐ ☐

Autre ....

☐ ☐ ☐ ☐ ☐ ☐ ☐

SEMAINE DU AU

Objectifs de la semaine

1. ....

2. ....

3. ....

MES ACTIONS RÉSEAUX SOCIAUX SUR LA SEMAINE

Poster sur Instagram, Facebook, Snap...

☐ ☐ ☐ ☐ ☐ ☐ ☐

Poster en story au moins 3x/ jours

☐ ☐ ☐ ☐ ☐ ☐ ☐

S'abonner à 10 comptes Instagram

☐ ☐ ☐ ☐ ☐ ☐ ☐

Envoyer des messages à mes nouveaux abonnés

☐ ☐ ☐ ☐ ☐ ☐ ☐

Interagir avec 10 comptes Instagram sans s'abonner

☐ ☐ ☐ ☐ ☐ ☐ ☐

Faire un post et/ou une story sponsorisés

☐ ☐ ☐ ☐ ☐ ☐ ☐

Enlever mes abonnés fantômes

☐ ☐ ☐ ☐ ☐ ☐ ☐

Enlever mes abonnements inutiles

☐ ☐ ☐ ☐ ☐ ☐ ☐

Faire 10 demandes d'amis sur Facebook

☐ ☐ ☐ ☐ ☐ ☐ ☐

Envoyer des messages à mes nouveaux amis

☐ ☐ ☐ ☐ ☐ ☐ ☐

Souhaiter les anniversaires

☐ ☐ ☐ ☐ ☐ ☐ ☐

Liker et commenter les post de mes nouveaux amis

☐ ☐ ☐ ☐ ☐ ☐ ☐

Liker et commenter 5 publications dans des groupes

☐ ☐ ☐ ☐ ☐ ☐ ☐

Publier dans des groupes pour créer de l'interaction

☐ ☐ ☐ ☐ ☐ ☐ ☐

Envoyer des messages spontanés pour l'activité

☐ ☐ ☐ ☐ ☐ ☐ ☐

Envoyer des messages spontanés pour faire connaissance

☐ ☐ ☐ ☐ ☐ ☐ ☐

Relancer les prospects (récents, anciens, liste...)

☐ ☐ ☐ ☐ ☐ ☐ ☐

PLANIFICATION DE MES POST

Lundi	Mardi	Mercredi	Jeudi	Vendredi	Samedi	Dimanche

LIVE

Live de la semaine ....

Réunions auxquelles j'assiste

Date .... Thème ....
Date .... Thème ....
Date .... Thème ....
Date .... Thème ....
Date .... Thème ....

Nb de ventes de la semaine ☐ Nb de parrainages de la semaine ☐

Suivi clients ☐ Suivi partenaires ☐ Suivi prospects ☐

Objectifs de la semaine atteints ☐ Satisfait de ma semaine ☆☆☆☆☆

A améliorer ....
....
....
....

ROUTINE PERSO

Méditation

☐ ☐ ☐ ☐ ☐ ☐ ☐

Lecture

☐ ☐ ☐ ☐ ☐ ☐ ☐

Ecriture

☐ ☐ ☐ ☐ ☐ ☐ ☐

Sport

☐ ☐ ☐ ☐ ☐ ☐ ☐

Autre ....

☐ ☐ ☐ ☐ ☐ ☐ ☐

SEMAINE DU AU

Objectifs de la semaine

1. ....

2. ....

3. ....

MES ACTIONS RÉSEAUX SOCIAUX SUR LA SEMAINE

Poster sur Instagram, Facebook, Snap...

☐ ☐ ☐ ☐ ☐ ☐ ☐

Poster en story au moins 3x/ jours

☐ ☐ ☐ ☐ ☐ ☐ ☐

S'abonner à 10 comptes Instagram

☐ ☐ ☐ ☐ ☐ ☐ ☐

Envoyer des messages à mes nouveaux abonnés

☐ ☐ ☐ ☐ ☐ ☐ ☐

Interagir avec 10 comptes Instagram sans s'abonner

☐ ☐ ☐ ☐ ☐ ☐ ☐

Faire un post et/ou une story sponsorisés

☐ ☐ ☐ ☐ ☐ ☐ ☐

Enlever mes abonnés fantômes

☐ ☐ ☐ ☐ ☐ ☐ ☐

Enlever mes abonnements inutiles

☐ ☐ ☐ ☐ ☐ ☐ ☐

Faire 10 demandes d'amis sur Facebook

☐ ☐ ☐ ☐ ☐ ☐ ☐

Envoyer des messages à mes nouveaux amis

☐ ☐ ☐ ☐ ☐ ☐ ☐

Souhaiter les anniversaires

☐ ☐ ☐ ☐ ☐ ☐ ☐

Liker et commenter les post de mes nouveaux amis

☐ ☐ ☐ ☐ ☐ ☐ ☐

Liker et commenter 5 publications dans des groupes

☐ ☐ ☐ ☐ ☐ ☐ ☐

Publier dans des groupes pour créer de l'interaction

☐ ☐ ☐ ☐ ☐ ☐ ☐

Envoyer des messages spontanés pour l'activité

☐ ☐ ☐ ☐ ☐ ☐ ☐

Envoyer des messages spontanés pour faire connaissance

☐ ☐ ☐ ☐ ☐ ☐ ☐

Relancer les prospects (récents, anciens, liste...)

☐ ☐ ☐ ☐ ☐ ☐ ☐

PLANIFICATION DE MES POST

Lundi	Mardi	Mercredi	Jeudi	Vendredi	Samedi	Dimanche

Live de la semaine ....

Réunions auxquelles j'assiste
Date .... Thème ....
Date .... Thème ....
Date .... Thème ....
Date .... Thème ....
Date .... Thème ....

Nb de ventes de la semaine ☐ Nb de parrainages de la semaine ☐

Suivi clients ☐ Suivi partenaires ☐ Suivi prospects ☐

Objectifs de la semaine atteints ☐ Satisfait de ma semaine ☆☆☆☆☆

A améliorer ....
....
....
....

ROUTINE PERSO

Méditation
☐ ☐ ☐ ☐ ☐ ☐ ☐

Lecture
☐ ☐ ☐ ☐ ☐ ☐ ☐

Ecriture
☐ ☐ ☐ ☐ ☐ ☐ ☐

Sport
☐ ☐ ☐ ☐ ☐ ☐ ☐

Autre ....
☐ ☐ ☐ ☐ ☐ ☐ ☐

SEMAINE DU AU

Objectifs de la semaine

1. ....

2. ....

3. ....

MES ACTIONS RÉSEAUX SOCIAUX SUR LA SEMAINE

Poster sur Instagram, Facebook, Snap...

☐ ☐ ☐ ☐ ☐ ☐ ☐

Poster en story au moins 3x/ jours

☐ ☐ ☐ ☐ ☐ ☐ ☐

S'abonner à 10 comptes Instagram

☐ ☐ ☐ ☐ ☐ ☐ ☐

Envoyer des messages à mes nouveaux abonnés

☐ ☐ ☐ ☐ ☐ ☐ ☐

Interagir avec 10 comptes Instagram sans s'abonner

☐ ☐ ☐ ☐ ☐ ☐ ☐

Faire un post et/ou une story sponsorisés

☐ ☐ ☐ ☐ ☐ ☐ ☐

Enlever mes abonnés fantômes

☐ ☐ ☐ ☐ ☐ ☐ ☐

Enlever mes abonnements inutiles

☐ ☐ ☐ ☐ ☐ ☐ ☐

Faire 10 demandes d'amis sur Facebook

☐ ☐ ☐ ☐ ☐ ☐ ☐

Envoyer des messages à mes nouveaux amis

☐ ☐ ☐ ☐ ☐ ☐ ☐

Souhaiter les anniversaires

☐ ☐ ☐ ☐ ☐ ☐ ☐

Liker et commenter les post de mes nouveaux amis

☐ ☐ ☐ ☐ ☐ ☐ ☐

Liker et commenter 5 publications dans des groupes

☐ ☐ ☐ ☐ ☐ ☐ ☐

Publier dans des groupes pour créer de l'interaction

☐ ☐ ☐ ☐ ☐ ☐ ☐

Envoyer des messages spontanés pour l'activité

☐ ☐ ☐ ☐ ☐ ☐ ☐

Envoyer des messages spontanés pour faire connaissance

☐ ☐ ☐ ☐ ☐ ☐ ☐

Relancer les prospects (récents, anciens, liste...)

☐ ☐ ☐ ☐ ☐ ☐ ☐

PLANIFICATION DE MES POST

Lundi	Mardi	Mercredi	Jeudi	Vendredi	Samedi	Dimanche

Live de la semaine ....

Réunions auxquelles j'assiste

Date .... Thème ....

Date .... Thème ....

Date .... Thème ....

Date .... Thème ....

Date .... Thème ....

Nb de ventes de la semaine ☐ Nb de parrainages de la semaine ☐

Suivi clients ☐ Suivi partenaires ☐ Suivi prospects ☐

Objectifs de la semaine atteints ☐ Satisfait de ma semaine ☆☆☆☆☆

A améliorer ....

....

....

....

ROUTINE PERSO

Méditation

☐ ☐ ☐ ☐ ☐ ☐ ☐

Lecture

☐ ☐ ☐ ☐ ☐ ☐ ☐

Ecriture

☐ ☐ ☐ ☐ ☐ ☐ ☐

Sport

☐ ☐ ☐ ☐ ☐ ☐ ☐

Autre ....

☐ ☐ ☐ ☐ ☐ ☐ ☐

SEMAINE DU AU

Objectifs de la semaine

1. ....

2. ....

3. ....

MES ACTIONS RÉSEAUX SOCIAUX SUR LA SEMAINE

Poster sur Instagram. Facebook. Snap...

☐ ☐ ☐ ☐ ☐ ☐ ☐

Poster en story au moins 3x/ jours

☐ ☐ ☐ ☐ ☐ ☐ ☐

S'abonner à 10 comptes Instagram

☐ ☐ ☐ ☐ ☐ ☐ ☐

Envoyer des messages à mes nouveaux abonnés

☐ ☐ ☐ ☐ ☐ ☐ ☐

Interagir avec 10 comptes Instagram sans s'abonner

☐ ☐ ☐ ☐ ☐ ☐ ☐

Faire un post et/ou une story sponsorisés

☐ ☐ ☐ ☐ ☐ ☐ ☐

Enlever mes abonnés fantômes

☐ ☐ ☐ ☐ ☐ ☐ ☐

Enlever mes abonnements inutiles

☐ ☐ ☐ ☐ ☐ ☐ ☐

Faire 10 demandes d'amis sur Facebook

☐ ☐ ☐ ☐ ☐ ☐ ☐

Envoyer des messages à mes nouveaux amis

☐ ☐ ☐ ☐ ☐ ☐ ☐

Souhaiter les anniversaires

☐ ☐ ☐ ☐ ☐ ☐ ☐

Liker et commenter les post de mes nouveaux amis

☐ ☐ ☐ ☐ ☐ ☐ ☐

Liker et commenter 5 publications dans des groupes

☐ ☐ ☐ ☐ ☐ ☐ ☐

Publier dans des groupes pour créer de l'interaction

☐ ☐ ☐ ☐ ☐ ☐ ☐

Envoyer des messages spontanés pour l'activité

☐ ☐ ☐ ☐ ☐ ☐ ☐

Envoyer des messages spontanés pour faire connaissance

☐ ☐ ☐ ☐ ☐ ☐ ☐

Relancer les prospects (récents, anciens, liste...)

☐ ☐ ☐ ☐ ☐ ☐ ☐

PLANIFICATION DE MES POST

Lundi	Mardi	Mercredi	Jeudi	Vendredi	Samedi	Dimanche

Live de la semaine ....

Réunions auxquelles j'assiste

Date .... Thème ....

Date .... Thème ....

Date .... Thème ....

Date .... Thème ....

Date .... Thème ....

Nb de ventes de la semaine ☐ Nb de parrainages de la semaine ☐

Suivi clients ☐ Suivi partenaires ☐ Suivi prospects ☐

Objectifs de la semaine atteints ☐ Satisfait de ma semaine ☆☆☆☆☆

A améliorer ....

....

....

....

ROUTINE PERSO

Méditation

☐ ☐ ☐ ☐ ☐ ☐ ☐

Lecture

☐ ☐ ☐ ☐ ☐ ☐ ☐

Ecriture

☐ ☐ ☐ ☐ ☐ ☐ ☐

Sport

☐ ☐ ☐ ☐ ☐ ☐ ☐

Autre ....

☐ ☐ ☐ ☐ ☐ ☐ ☐

SEMAINE DU AU

Objectifs de la semaine

1. ....

2. ....

3. ....

MES ACTIONS RÉSEAUX SOCIAUX SUR LA SEMAINE

Poster sur Instagram. Facebook. Snap...

☐ ☐ ☐ ☐ ☐ ☐ ☐

Poster en story au moins 3x/ jours

☐ ☐ ☐ ☐ ☐ ☐ ☐

S'abonner à 10 comptes Instagram

☐ ☐ ☐ ☐ ☐ ☐ ☐

Envoyer des messages à mes nouveaux abonnés

☐ ☐ ☐ ☐ ☐ ☐ ☐

Interagir avec 10 comptes Instagram sans s'abonner

☐ ☐ ☐ ☐ ☐ ☐ ☐

Faire un post et/ou une story sponsorisés

☐ ☐ ☐ ☐ ☐ ☐ ☐

Enlever mes abonnés fantômes

☐ ☐ ☐ ☐ ☐ ☐ ☐

Enlever mes abonnements inutiles

☐ ☐ ☐ ☐ ☐ ☐ ☐

Faire 10 demandes d'amis sur Facebook

☐ ☐ ☐ ☐ ☐ ☐ ☐

Envoyer des messages à mes nouveaux amis

☐ ☐ ☐ ☐ ☐ ☐ ☐

Souhaiter les anniversaires

☐ ☐ ☐ ☐ ☐ ☐ ☐

Liker et commenter les post de mes nouveaux amis

☐ ☐ ☐ ☐ ☐ ☐ ☐

Liker et commenter 5 publications dans des groupes

☐ ☐ ☐ ☐ ☐ ☐ ☐

Publier dans des groupes pour créer de l'interaction

☐ ☐ ☐ ☐ ☐ ☐ ☐

Envoyer des messages spontanés pour l'activité

☐ ☐ ☐ ☐ ☐ ☐ ☐

Envoyer des messages spontanés pour faire connaissance

☐ ☐ ☐ ☐ ☐ ☐ ☐

Relancer les prospects (récents. anciens. liste...)

☐ ☐ ☐ ☐ ☐ ☐ ☐

PLANIFICATION DE MES POST

Lundi	Mardi	Mercredi	Jeudi	Vendredi	Samedi	Dimanche

Live de la semaine ....

Réunions auxquelles j'assiste

Date .... Thème ....

Date .... Thème ....

Date .... Thème ....

Date .... Thème ....

Date .... Thème ....

Nb de ventes de la semaine ☐ Nb de parrainages de la semaine ☐

Suivi clients ☐ Suivi partenaires ☐ Suivi prospects ☐

Objectifs de la semaine atteints ☐ Satisfait de ma semaine ☆☆☆☆☆

A améliorer ....

....

....

....

ROUTINE PERSO

Méditation

☐ ☐ ☐ ☐ ☐ ☐ ☐

Lecture

☐ ☐ ☐ ☐ ☐ ☐ ☐

Ecriture

☐ ☐ ☐ ☐ ☐ ☐ ☐

Sport

☐ ☐ ☐ ☐ ☐ ☐ ☐

Autre ....

☐ ☐ ☐ ☐ ☐ ☐ ☐

SEMAINE DU AU

Objectifs de la semaine

1. ....

2. ....

3. ....

MES ACTIONS RÉSEAUX SOCIAUX SUR LA SEMAINE

Poster sur Instagram, Facebook, Snap...

☐ ☐ ☐ ☐ ☐ ☐ ☐

Poster en story au moins 3x/ jours

☐ ☐ ☐ ☐ ☐ ☐ ☐

S'abonner à 10 comptes Instagram

☐ ☐ ☐ ☐ ☐ ☐ ☐

Envoyer des messages à mes nouveaux abonnés

☐ ☐ ☐ ☐ ☐ ☐ ☐

Interagir avec 10 comptes Instagram sans s'abonner

☐ ☐ ☐ ☐ ☐ ☐ ☐

Faire un post et/ou une story sponsorisés

☐ ☐ ☐ ☐ ☐ ☐ ☐

Enlever mes abonnés fantômes

☐ ☐ ☐ ☐ ☐ ☐ ☐

Enlever mes abonnements inutiles

☐ ☐ ☐ ☐ ☐ ☐ ☐

Faire 10 demandes d'amis sur Facebook

☐ ☐ ☐ ☐ ☐ ☐ ☐

Envoyer des messages à mes nouveaux amis

☐ ☐ ☐ ☐ ☐ ☐ ☐

Souhaiter les anniversaires

☐ ☐ ☐ ☐ ☐ ☐ ☐

Liker et commenter les post de mes nouveaux amis

☐ ☐ ☐ ☐ ☐ ☐ ☐

Liker et commenter 5 publications dans des groupes

☐ ☐ ☐ ☐ ☐ ☐ ☐

Publier dans des groupes pour créer de l'interaction

☐ ☐ ☐ ☐ ☐ ☐ ☐

Envoyer des messages spontanés pour l'activité

☐ ☐ ☐ ☐ ☐ ☐ ☐

Envoyer des messages spontanés pour faire connaissance

☐ ☐ ☐ ☐ ☐ ☐ ☐

Relancer les prospects (récents, anciens, liste...)

☐ ☐ ☐ ☐ ☐ ☐ ☐

PLANIFICATION DE MES POST

Lundi	Mardi	Mercredi	Jeudi	Vendredi	Samedi	Dimanche

Live de la semaine ....

Réunions auxquelles j'assiste
Date .... Thème ....
Date .... Thème ....
Date .... Thème ....
Date .... Thème ....
Date .... Thème ....

Nb de ventes de la semaine ☐ Nb de parrainages de la semaine ☐

Suivi clients ☐ Suivi partenaires ☐ Suivi prospects ☐

Objectifs de la semaine atteints ☐ Satisfait de ma semaine ☆☆☆☆☆

A améliorer ....
....
....
....

ROUTINE PERSO

Méditation
☐ ☐ ☐ ☐ ☐ ☐ ☐

Lecture
☐ ☐ ☐ ☐ ☐ ☐ ☐

Ecriture
☐ ☐ ☐ ☐ ☐ ☐ ☐

Sport
☐ ☐ ☐ ☐ ☐ ☐ ☐

Autre ....
☐ ☐ ☐ ☐ ☐ ☐ ☐

Printed by Amazon Italia Logistica S.r.l.
Torrazza Piemonte (TO), Italy

27010379R00069